U0950433

疯狂婚恋

魏 民◇编著

北京工业大学出版社

图书在版编目（CIP）数据

疯狂婚恋 / 魏民编著．--北京：北京工业大学出版社，2012.12

（社会现象透视丛书）

ISBN 978-7-5639-3309-9

Ⅰ．①疯… Ⅱ．①魏… Ⅲ．①婚姻问题-研究-中国②恋爱-研究-中国 Ⅳ．①D669.1

中国版本图书馆CIP数据核字（2012）第271711号

疯狂婚恋

编　　著： 魏　民
责任编辑： 周　雪
封面设计： 尚世视觉
出版发行： 北京工业大学出版社
（北京市朝阳区平乐园100号　100124）
010-67391722（传真）　bgdcbs@sina.com
出 版 人： 郝　勇
经销单位： 全国各地新华书店
承印单位： 唐山才智印刷有限公司
开　　本： 787mm × 1092mm　1/16
印　　张： 16.75
字　　数： 217千字
版　　次： 2013年1月第1版
印　　次： 2021年1月第2次印刷
标准书号： ISBN 978-7-5639-3309-9
定　　价： 32.00元

版权所有　翻印必究

（如发现印装质量问题，请寄本社发行部调换　010-67391106）

总序

在生活中，我们必须用辩证的方法看问题，走极端是要犯错误的。事物都具有两面性，我们应该审慎对待，否则就会出问题。从认识论的角度来说，也许反面的例子更能给我们真正的启示和帮助。“社会现象透视丛书”针对很多当代人缺乏理性的不科学的生活方式，通过大量发生在现实生活中的事例，提出独到的见解和建议，希望能让读者从中受益。

“社会现象透视丛书”包括：《疯狂投资》、《疯狂创业》、《疯狂跳槽》、《疯狂上网》、《疯狂婚恋》、《疯狂崇拜》、《疯狂旅游》。通过阅读这套丛书，相信读者朋友会做好调整，建立良好的生活方式，保证健康的体魄，赢得事业的成功。

前　言

婚姻是爱的高级形态，是两性间最亲密的关系。本书通过早恋婚恋、同居婚恋、出轨婚恋、网络婚恋、征友婚恋、节日婚恋、拜金婚恋、庆典婚恋、家暴婚恋等当下的几种案例，揭示了功利主义婚姻、开放式婚姻的危害、根源，并提出建议。

功利主义婚姻就是为了得到某种利益（经济利益、社会地位、政治利益等）而结婚。持这种婚姻观的人只是将婚姻看为一种手段，至于爱，如果能得到更好，得不到的话也不要紧。当然，目前这种婚姻观也被一些人包装为“婚姻需要足够的物质基础”，“总要为自己的幸福多做一些实际的考虑吧”，“婚姻是很现实的，爱情再深也不能当饭吃啊”等。

开放式婚姻不以婚约的责任维系，任何一方都可以在婚姻以外有情人，甚至与情人发生性行为，但是当事人的心始终在婚姻里。由于其对传统的颠覆式挑战，这种变了味的开放式婚姻赢得了喜爱刺激的年轻一代的青睐，但是随着时间的推移，没有婚姻责任维系的开放式婚姻几乎无一例外在较短的时间内以离婚为最终结局。即使有婚姻约束，绝大多数开放式婚姻也没有好的结局。

亲爱的朋友，读到这里，您不妨好好反省一下，自己对婚姻的看法，有没有与书中案例类似的呢？不管原因为何，我们都应该摒除错误的婚姻观。大的方向错了，今后无论如何努力，都很难改变麻烦的情势。

目 录

第一章
早恋婚恋，青涩变味也疯狂

早恋，顾名思义，即过早发生恋爱的行为。早恋一直是个隐讳的词，它甚至比成人世界的离婚更让人觉得难以接受，原因是早恋涉及的是未成年人，是那些还不能为自己的行为负完全责任的人群。然而，青少年中的早恋现象并未随着家长的恐惧和无奈而减少。早恋是青涩的苹果，味道不可能纯正，因此不能摘；早恋是带刺的玫瑰，青少年常常被它的芬芳所吸引，然而，一旦情不自禁地触摸，又总是被无情地刺伤。

过深的“爱”后，偷食禁果酿苦酒

“羞答答的玫瑰静悄悄地开”，中学生处于情窦初开的年龄，这一时期正是人的心理变化最剧烈的时期。一方面，生理发育的逐渐成熟会使少男少女对异性的亲密接触欲不断增强，他们渴望与异性多接触交往，希望与异性建立良好的交往关系。另一方面，中学生自我意识增强，渴望得到认可；他们中的一些人由于曾经受到来自老师、同学甚至家庭的冷落而产生孤独感，这也促使一些中学生去寻觅“伴侣”来排遣他们内心的孤独。

中学生还不成熟，他们感情易冲动，社会经验也太少，并不理解什么是真正的爱情，因而相互之间容易因一点小事就发生矛盾，常是恋爱没结果，还给彼此带来很多烦恼和痛苦。

小刚刚上中学的时候，认识了一个女孩。刚开始的时候，女孩也很喜欢小刚，可是后来，女孩却喜欢上了别人。那段时间，小刚快发疯了，他没心思上课，怕自己见到她与别人在一起。

为了让女孩和自己好，小刚找到一把刀片在自己手上乱划，鲜血流了好多，可女孩根本不理他。小刚因为旷课背了处分，家里人也被他气病了。什么前途、学业，小刚根本都不想！他的心好痛……

后来不知为什么，女孩和那个男孩儿分手了，小刚根本如同再见晴天！他马上抓住机会再和女孩接近。于是，他们又和好了。

有一天，小刚给在宿舍的女孩打电话，紧接着他来到这个女生的宿舍，看到没其他同学在，就把门关上，两人偷吃了禁果。

后来，女生发现自己几个月没来月经，到医院检查才发现自己已怀孕四个月。女生将怀孕的消息告诉小刚，小刚马上不知所措、没了主意。女孩伤心地哭了……万般无奈，女孩只好独自到医院打胎。

医生告诉她：由于胎位不正，她有可能永远失去生育能力。女孩因打胎用尽了所有生活费，走投无路的她只好将实情告诉家里。

女孩向父母跪下，生气的父母认为她坏了门风，丢尽了脸，连正眼都没给她。

家人的责怪，男友的无情，使伤痕累累的女孩只得黯然神伤地选择自杀。幸亏被妈妈及时发现，才挽救了她的生命！

点评与建议

小刚虽然很重感情，但在女孩怀孕后他由于年少无知没了主意。而女孩在希望破灭后难以自控，走上极端。他们这个年龄的中学生，身心发育还没有成熟，情绪也不稳定，一旦陷入感情旋涡便难以自拔。

早恋就像脱缰的野马，很容易影响中学生们的身心健康，使他们的脸上写满忧伤……过早开花，结下的只有苦果。因此，羽翼未丰、慧眼未成的青少年，切勿早恋。

早恋女生因没人追精神崩溃

现实生活中，不少家长在培养孩子上单纯追求成绩，结果导致孩子在其他方面的适应和接受能力比较有限。

很多孩子进入大学后，都对爱情产生强烈的渴望。而独生子女的成长经历使他们形成了想要的就必须得到的思维定式。这样，他们在感情上受到挫折就容易出现要感情不要亲情、要爱情不要学业的现象。

在某大学内，一个家住外地的大一女孩，突然向父母提出要退学，原因是她找不到男朋友。

本来这个女孩是个成绩优秀、性格活泼开朗、积极向上的孩子。刚上大一的时候，她非常正常。但后来，她看到一些条件不如自己的女孩子都找到了男朋友，她心理就开始失衡，她自己也试着寻找，但一直没找到心仪的。再往后，她的情绪变得暴躁起来，她对学习和生活也失去兴趣，总说自己难受，她和同学的关系也变得冷淡。她不仅学习成绩下降，连身体也变得很差。

自从女孩向父亲提出退学后，短短两个月的时间，她已经变得时常自言自语，甚至出现精神恍惚、自闭等现象。渐渐地，这个女孩无法投入正常学习，连日常生活也不能自理了。

点评与建议

一个大学生就因为没有找到男朋友而变得厌学，甚至精神崩溃，这一现象给我们的警示意义是深刻的！

孩子在成长过程中的每个阶段都有着特定的规律。家长应把握好这些规律，提早做好预防教育。同时，家长们不应把学习当成唯一的教育重点，而是应该全面地教育孩子，培养孩子的综合能力。

患上早恋恐惧症，五年不敢看男生

在中国，“早恋”一词带有长辈一方的否定性感情色彩。传统观念的束缚，使得原本纯真的感情最后无果而终，甚至有中学生因此患上早恋恐惧症。大多数中学生其实并不想陷入早恋，但不想早恋的少男少女，也非常需要异性交往。许多家长唯恐孩子早恋，想方设法地预防，却往往收不到好的效果，甚至与孩子反目。

晓娟是一位长相清秀甜美的女生，在省重点中学上高三，学习成绩也很好。从初二到高三的五年间，她每天径直进教室，只和女生说话，生怕转头看到后排的男生。

上初二的时候，晓娟的同桌聪明漂亮、成绩优秀，这个女生和班上一个男生恋爱后两人的学习成绩直线下降，甚至休学。后来妈妈反复对晓娟说：“离男生远点儿！千万不能早恋！否则别想升入好学校！一辈子都完了。”

妈妈让晓娟“离男生远点儿”的话，使晓娟一直背负着沉重的十字架，对男女同学之间的正常交往她唯恐避之不及，不管生活中，还是学习中，她都非常紧张。她没有与任何一个男生单独相处过，更别说谈心了。

可是现在中考在即，晓娟却高度焦虑，这焦虑的背后是她内心剧烈的冲突。母亲的教诲使她认为，应坚决关闭与男生正常交流的大门，但她开始觉醒的成长发育意识又使她有与男生交往的渴望。于是，在这种冲突中，她学习效率降低，而这成为最使她恐惧不安的事情。

中考时，她以满意的成绩升入最好的重点高中。尝到“甜头”的晓娟开始害怕男生的目光。她不敢回头，她担心自己因回头与某个男生的目光接触而被男生喜欢、追求，她怕因此妨碍学习、葬送了前途。她觉得自己太压抑了，学习对她而言变得枯燥乏味。

后来，晓娟把心中的苦闷告诉心理医生，她觉得看男生是件很可怕的事情。经心理医生诊断，晓娟患上了“早恋恐惧症”。心理医生给晓娟开出了心理治疗处方：一是每周与男生适当聊天。二是尽量与母亲多交流沟通，让妈妈明白她给晓娟灌输的观点已给晓娟造成了不必要的心理压力。

点评与建议

晓娟是一个单纯向上的好学生，妈妈的话让她一直背负着沉重的十字架，使她躲避男女同学之间的正常交往。事实上，男女生接触并不可怕，除了早恋，男女生之间还有真诚的友谊，因为都面临着升学压力，他们之间才更需要同龄人之间的心理安慰。因此，对于中学生的早恋，老师和家长的正确做法是，在疏不在堵，积极应对，科学引导。只有这样，才能使中学生远离早恋恐惧症，还他们一个圣洁的心灵和优越的学习环境。

路遇女友牵男生，一怒之下玩单挑

如今，早恋的未成年人越来越多，因早恋所引发的暴力事件也呈上升趋势。

一天下午，正在读初中三年级的小山约“女朋友”、未满16岁的初二学生红玲出来玩。当晚8时，红玲和小山往东坡酒店方向走。突然，她发现前男友何晨和十多名男青年从后面走来，她觉得不好意思，就拉着小山往回走。随后，红玲、小山与另外三名朋友碰面，一起到一家餐馆吃饭。

饭间，红玲接到何晨打来的电话，何晨称，他在文化广场等小山，让小山过去。遭到红玲拒绝后，何晨放出狠话，“以后不要让我碰到小山！”

小山见红玲接电话的情绪不对，问清缘由并在给何晨拨过电话后，便说出去一下，让红玲等他。久不见小山回来，红玲和同伴去找，才得知小山在交叉路口被人捅伤，已被送往医院。

警方很快确定，年仅16岁的何晨有作案嫌疑。专班民警连夜赶到何晨家，发现何晨不在，其父母也不知何晨去向，手机也打不通。随后，警方在组织警力布控、开展追捕的同时，考虑到何晨是未成年人，便多次到何晨家中，做其家长的工作，希望他们从挽救的角度，设法劝何晨自首。2月8日一早，何晨在其父的带领下，来到公安局刑侦支队投案自首，并交代了其用刀捅伤小山的作案经过。

据何晨交代，案发当天，他们一行人相约到城区玩，结果看到红玲和一个不认识的小青年在一起逛街，两人像在谈恋爱，于是他就想教训一下那个小青年。

何晨交代，自己给红玲打完电话，就和七名朋友打台球。当晚10时50分许，小山与何晨等人在文化广场见了面。当时何晨他们当中有个叫王剑的充当“中间人”给二人“协调”，可何晨和小山都要与对方“单挑”。

眼见何晨不是小山的对手，王剑便把他俩拉开，并将何晨拉到一边，把早已准备的刀子拿给何晨。何晨从王剑手中拿到刀，继续与小山“单挑”。何晨抓住一个空当，一刀刺中小山。身负刀伤的小山朝西跑，何晨发现刀子上有血，一下慌了，随手将刀子丢入旁边的一个小湖里，然后匆匆和众人离开。

何晨等人连夜离开市区，去了王剑的一个朋友家。2月8日一早，何晨在家人陪同下向警方自首。

落网后的何晨称，红玲是他的女朋友；而红玲则称，两人谈过几个月朋友，但案发时已经分手了。

何晨是家中独子，其父在城区蹬三轮，母亲在外地打工，平时，父母对他管教较少。由于父母管教少，爷爷奶奶又对他溺爱，何晨从小就养成了诸多不良习惯。何晨还在读书时就喜欢玩刀，此前曾两次持刀伤人。

点评与建议

未成年人之间，由情感纠葛而引发的案件，给我们留下许多思考。现代社会，未成年人犯罪是一个复杂的社会问题，对未成年人犯罪的预防需要社会多方合力来完成，而首当其冲的应该是加强法制教育，培养未成年人的法律意识，同时鼓励未成年人之间进行正常交往等。

学生要求换座位，老师察知是早恋

青少年处在生理和心理剧变时期，这一时期被称为“第二次断乳”。一方面他们要摆脱父母的管束，要求独立；另一方面，他们要寻找同伴归属感，并努力赢得同伴认可。但由于个性发育的不成熟，他们在具体问题的处理上会存在认识上的偏差，导致出现行为上的偏差，这时，就需要老师进行正确引导和疏通。

侯莉是某中学初二年级的班主任老师，一天晚上近10时，她收到班上一名男生阳的短信：“侯老师，我想要换个位子。”因为侯老师在班里总是与学生比较平等地相处，所以学生经常通过这样的方式跟她商量事情。阳坐在中间第四位，这个位子已经是很好的了，他为什么要换呢?

为了弄清楚他的想法，侯老师回了短信：“那你想和谁坐呢？”“如果我想和丽坐你会同意吗？”丽是侯老师班上的一位女生，坐在教室最后面。阳要丢掉这么好的位子，肯定有其他原因。

为了弄清事情的真相，侯老师又回了短信：“可你现在的位子很好，坐到后面，成绩可能要下降的。”不一会儿阳的短信又来了：“我与她从小学开始就是同学，我们彼此比较熟悉，而且有她坐在旁边可以管住我，使我遵守纪律。”

侯老师想起来了，阳和丽两家原来是同一个村的，他们父母之间也比较熟悉，他们从小一起长大。阳的母亲曾经说到，阳在她面前说丽身材好、漂亮。同学中也早就有传闻说他们两个很要好……回想起种种迹象，侯老师似乎明白了阳的真实意图——这是个“早恋”的信号。

好棘手的问题！侯老师觉得不能很快答应阳，但也不能马上回绝，让阳觉得老师很专制。于是她又回了短信：“那你一个人说了不算，我还要征求一下丽本人的意见。”

侯老师第一次碰到这么大胆的学生，竟然巧妙而又堂而皇之地向老师提出要跟自己喜欢的女生坐在一起。侯老师心想，如果他们坐在一起，有可能会像书上写的那样：因为没有距离了，太了解了，反而彼此疏远；但他们也可能因为同学们异样的眼光而自然疏远。但阳能这样大胆地对老师提出这样的要求，她也要防范他会做出超乎人们想象的事情，如果是这样，她又怎么向他的家长交代？

经过思考，第二天，侯老师给阳的爸爸打了个电话，把这件事情讲了一下。他爸爸是一口否决，说绝对不能让他俩坐一块儿。为了不打草惊蛇，侯老师恳请他爸爸装作不知道，不要把这件事情说出来，由她再进一步观察。他爸爸也很配合，答应了。

既然家长不同意，接下来侯老师得找个冠冕堂皇的理由拒绝阳了。

侯老师又找到丽说：“丽，我觉得你近来的成绩好像有点下降，如果你在学习上有不懂的问题，要多来问老师啊。”丽听了低下头，又点点头。

侯老师觉察到丽流露出惭愧、内疚的神色，她是为自己成绩的下降而惭愧，又感到辜负了老师对她的一片关心。

侯老师趁热打铁：“如果阳坐到你旁边，你可以管住他的纪律，好好学习吗？”“我自己都学不好，哪里能帮助他!”这个回答正中了侯老师的下怀。侯老师知道学习成绩是丽的软肋，即使丽自己也想跟阳坐，但因为有了前面的铺垫，也就没了名正言顺的理由。

三天后，侯老师找来了阳，顺水推舟、理直气壮地拒绝了他提出的要求，并告诉他，她可以安排一位品学兼优的女同学坐他旁边，这样就能督促他、帮助他。阳没有如愿，悻悻地离开了侯老师的办公室。侯老师为自己的“胜利”而暗自得意。

一个星期后，侯老师发现阳的QQ空间里有一段文字：“你并不是我的唯一，我终于发现一个比你好的！我现在才发现原来你并不是最好的，也并不一定要把你管死，原来优秀的女生我身边都是。”侯老师的大脑“轰”地一下，难道他“移情别恋”，又喜欢上别的女生了？

侯老师马上了解到，阳星期天与班级的另一个女生去逛街，并把手搭在女生的肩上，甚至发短信问那女生“我叫你老婆好不好”。这时，侯老师才意识到事情的严重性……

点评与建议

学生在初二时出现懵懂的早恋情结是很正常的生理反应和心理需求。针对这一情况，侯莉作为班主任老师应该从以下三个方面来正确引导和疏通。

一是关注心理很重要。就整个处理过程来说，自接到阳的短信，侯老师虽知道他要调座位的真正目的，但她一直在从阳父亲那里、同学丽那里找拒绝阳的理由，而自始至终都没有找阳深谈一次，没有真正去了解他内心真实的想法。

二是处理方法需斟酌。青少年出现了懵懂的早恋情结是正常的，用堵或避而远之的办法都不合适，这不能从根本上解决问题，有时甚至容易引发学生的逆反心理，使事情变得更糟。在本案例中，侯老师恰恰选用了这种方式。她自以为考虑得面面俱到，其实所解决的只是问题的表面，仅仅让阳无话可说，以至于他会找另一个女生来代替丽，结果伤害自己也伤害别人。

三是正确引导很关键。青少年会寻找多种途径来证明自己的价值，比如优异的学习成绩、良好的个性品质；比如外貌或家庭条件。

总之，他们会努力找到一个在同伴中立足的支撑点。教师要努力了解青少年的心理年龄特点，努力引导学生用积极的方式来证明自己的价值或能力。如果侯老师一开始就能珍惜阳对她的信任，主动地找他谈话，利用他感兴趣的内容来转移他早恋的倾向，或许事情的结局不会是这样。

知心老师帮助学生走出早恋的误区

初中生正处在世界观、人生观形成的时期，许多问题他们都似懂非懂，他们有时执着任性，有时盲目仿效，有时一时冲动，这时需要有人指点他们，帮助他们战胜自己。早恋问题是困扰中学生的普遍问题，一方面性生理的成熟，使他们渴望有异性对他们表示好感，他们渴望得到异性的肯定。另一方面他们容易盲目追求时髦，一些学生觉得非得在中学里谈谈恋爱才对得起青春。而且他们往往把异性对他们的好感上升到“爱情”的高度。还有一部分的原因是孩子缺乏足够的情感关注，或缺乏与父母在心理和感情上的沟通。他们试图以早恋解决心中的烦恼和孤独，得到精神上的寄托与安慰。老师、家长们要正视中学生的这一心理特点，一旦发现“早恋”现象，不要大惊小怪，也不能强制地去干涉他们，更不能对他们横加指责，当然也不能听之任之，而是要引导他们正确区分友情和爱情，帮助他们走出早恋的误区。

小婷是班上成绩很好的一位学生。她懂事而又聪明，也是一位内心世界很丰富细腻的女孩。

一次偶然的机会，小婷的班主任王老师发现，在傍晚放学后，小婷没有按照惯例径直朝车库走去，而是走远路从教学楼后面绕到车库后。当时王老师就觉得纳闷。于是，接下来的几天，每天放学后王老师都留心观察，结果发现她都是舍近求远。终于，王老师忍不住了，在途中拦截住她，问她为什么偏偏要绕弯路。

从小婷那慌张的神情和举止中，王老师一下子明白了。王老师没有多说什么，只是告诉她晚上回家去好好整理一下自己的思路，第二天再和老师谈。同时王老师也告诉她，在老师心里，老师一直很信任她，也对她很放心。

第二天中午，小婷来找王老师了。办公室的老师很多，于是王老师带着她来到了一个空闲的多媒体教室。

刚开始，小婷一直低着头，脸通红，偶尔会抬头用不安的眼神看看王老师。王老师微笑着对她说："小婷，不用害怕。现在，我只是你的大朋友，而不是一个老师。你就当是对朋友说说自己的心里话吧。不用担心，今天的谈话，只是我们朋友之间的悄悄话。"

终于，小婷鼓起勇气向王老师道出了她的苦闷：

她喜欢她的小学同学，那个同学在同校另一个班级学习，也喜欢她，总是在默默地关注她，关注她的生活和学习，他偶尔会在节假日约她与其他同学结伴出去郊游。他在她面前表现很好，对父母也很孝顺，但他在学校表现却很差，脾气暴躁，经常惹是生非，拉帮结派，打架斗殴。可是他小学时不是这样的……那时他们一起讨论问题，一起学习……

王老师一直耐心地倾听她的诉说。虽然王老师已经知道这个令她感情困惑的男生是谁，甚至早已经领教了他的冲动与暴躁，但王老师决不掺和自己的情绪，仍然静静地听着小婷的诉说。

小婷接着说："我也知道，他是老师眼里公认的'坏学生'，我也想跟他断绝交往，我知道，我与他不会长久，但我下不了这样的决心。我本打算抛开一切，认真学习，可没几天，与他的接触，又使我魂不守舍，没有心思学习了。王老师，我该怎么办？您能帮助我早日脱离情的苦海吗？"然后她用一种乞求的眼神看着王老师。

王老师说："很高兴你来找我，也很感谢你对我的信任？可是，你现在必须如实地告诉我，你还喜欢他吗？"

"我自己也说不清楚。"

“那你喜欢他什么？你刚说他成绩不好，脾气也暴躁，易冲动呀？”王老师接着问。

“可是，他小学时不是这样的！而且也很孝顺。”她回答。

“那是在小学时，人是会变的，也就是说，你喜欢的是小学时的他，而不是现在的他。”王老师注视着小婷那双眼睛，觉得小婷的眼神有对她的话的认同。于是，王老师又追问：“你打算怎么办？”

“我想和他分手，但我怕……”

“你害怕什么？”

“我怕我提出与他分手后，他可能会更加暴躁，更加……我也怕我下不了决心……我怕我会胡思乱想影响自己的学习……”

“他那里，老师会帮助你的，关键是你自己应该有一个明确的态度，而不是在矛盾中煎熬。”“我想，我还是再等等吧，等毕业，各奔东西，让时间和距离来解决，或者让爸爸给我转学。”小婷说。

王老师说：“你这是在逃避，是逃避现实、不敢面对现实的表现。你明明知道这是不可能成为现实的，为什么还要去付出呢？”

“可是……”小婷显然已经被王老师说动了。

“再说，你这样做其实对他也是一种伤害，让他有较多的遐想和希望，一旦他真的投入感情，陷人感情的泥潭，那时，你再跟他分手，对一个感情易冲动的人来说，那会让他受不了。还有，其实这中间有你虚荣心的体现，毕竟有男孩追是一件幸福的事。可当你过了这个时期，回首往事，你会发现自己的幼稚和可笑。中学生初恋的情网是那样的纤细、脆弱，早恋的土壤是那样的贫瘠，早恋的果子又是那样的苦涩。”王老师乘胜追击，赶紧给她“上纲上线”。

两个人沉默了一会儿，王老师抬头看看小婷，她的脸上有一丝淡淡的笑。王老师知道，小婷想通了。

王老师说：“回去好好地整理一下自己的思绪，把自己的感受写下来，并珍藏起来，作为自己的美好回忆吧。”

"那他怎么办？"她似乎又有些犯难。

王老师说："慢慢地冷淡他，找个适当的机会约几个同学跟他谈谈，老师相信你会处理好的！"

后来，王老师也找那个男同学谈了，告诉他：要真正配得上像小婷那样的女同学，他必须不断地提高自己，充实自己。那个男同学倒挺仗义的，可能是进初中以来，很少有老师跟他这样推心置腹地谈话的缘故吧，他很听王老师的话，并没有出现像王老师所担心的那种状况。

此后，王老师发现，小婷比以前开朗多了，下课后与同学说说笑笑，再也不会一个人傻傻地发愣。

点评与建议

这个针对早恋的心理辅导案例是颇为成功的！

这个案例证明：在心理辅导中，首先要与学生建立信赖的关系，只有让学生信赖你，学生才能对你敞开心扉，才能接受你的帮助，听取你的建议，接受你的观点。其次，给早恋一个自尊的通道。早恋的学生多数都比较敏感和脆弱，真诚的沟通以及和风细雨式的辅导才能走进他们的内心。过激的处理方式是对学生情感的一种强暴，它不仅解决不了问题，而且会加剧师生矛盾，引发学生更为严重的问题。因此，和学生谈话时要讲究分寸，不可伤及学生的自尊心。另外，老师在心理辅导中不要急于求成，不要兴师动众，有些问题试着让学生自己去体味，只有当他们自己悟出道理，才会彻底摆脱心理困扰。

小学生假性早恋，班主任巧妙应对

随着社会的不断发展，人们的物质生活越来越富裕，孩子普遍早熟，现在小学生也敢大胆地表达“爱恋”。他们互相倾慕、传纸条、写信，这种类似“早恋”现象时有发生，并有明显上升的趋势，严重地影响了他们的学习和身心健康。正确预防和处理小学生早恋是新时期班主任工作的一项重要任务。我们还是通过下面这个故事，来看看班主任齐老师是怎样做的吧！

某学校这几天竟然出现六（1）班的女生向六（2）班的男生递送“情书”现象，两位班主任老师哭笑不得，向所有六年级学生开展了“早恋”教育。齐老师是五年级班主任，见此情景，心底不由打起了小算盘：“明年我班孩子也将升入六年级，也早点给他们打‘预防针’吧！”

经过一番准备后，齐老师走进了教室。

“同学们，最近学校个别同学之间出现了互写‘情书’的现象……”还没等老师说完，好几个孩子便争着将探听到的内幕消息一吐为快。齐老师请嚷得最响的小威把情况向同学们转述。

“对！是那几个六（2）班男生先写信给我姐姐班的女生，说什么‘I like you（我喜欢你），请你给我一个明确的回答好吗？’他们还请她们放学后一起去公园谈恋爱。那些女生们，正在写回信却被老师抓住了。”说到这，教室里更是沸沸扬扬。

齐老师大声地说：“同学们，我支持男生和女生一起玩。”

全班学生全静下来了，一脸愕然。

齐老师接着说："男生钦佩女生就是爱吗？男生想和女生多接触就是想谈恋爱吗？男生和女生在一起玩就是谈恋爱吗？不是的！我们和异性同学来往那是友谊，是再正常不过的，可是为什么要学大人的样子写情书呢？为什么要把'恋爱'的帽子硬往自己头上戴呢？"

学生沉默了，但从他们若有所思的表情来看他们应该还有些不解。

齐老师继续说："男生有男生的优点，女生有女生的优点。人家身上有值得我们敬佩的地方，我们就愿意和人家多接触，管他是男生还是女生。男生女生一起玩，一起写作业，一起放学回家都正常。男女生之间就应该多交往，多了解，互相学习，互相进步，这事跟大人谈恋爱能一样吗？"

学生头摇得跟拨浪鼓似的。

"可有些同学却动不动就谁爱谁的，爱乱给别人戴'恋爱'帽子。你们知道还有谁像这样把大人的事揽自己身上的？"

阿成说："王梦打乒乓的时候就老爱说选老婆衔玉（班里一品学兼优的女生）。"全班的目光一齐向王梦射去。王梦蓦地脸红了。

齐老师笑着说："王梦心里一定挺佩服衔玉的，是吗？" 王梦嘴角微扯了一下，不好意思地点点头。"那叫人家老婆合适吗？"王梦摇摇头，把脸深深地埋了下去。"老师，以前阿才老说自己爱周英，回老家还写信给周说'I love you'呢！"全班哄堂大笑。

齐老师追问："现在你们明白是怎么回事吗？"阿俊说："那是他觉得同桌对他好，舍不得离开，这是友谊。""老师，一年级的老说谁爱谁。""老师，厕所墙上有些人用粉笔写谁喜欢谁。""上次我不小心和别人撞到一起，他们都笑我们亲嘴"……

学生举了很多相关例子，齐老师逐一让学生自己弄明白是怎么回事，并向学生讲述了青少年早恋的种种危害："你们十来岁的孩子，就像一棵小树正在汲取养料，正处在感受阳光雨露茁壮成长的时期，这时候容易遭受‘害虫’的入侵，雨淋日晒的考验，小树如果不能把握好自己，将会夭折，即使没有夭折，也难以成为一棵大树，一棵健康的大树。小学、中学乃至大学都是学习知识的阶段，大家都应该努力学习知识。等长大参加工作之后，各方面条件成熟了，再恋爱结婚。提前学大人叫老公、老婆，提前学大人谈恋爱，虽然刺激好玩，但开这种玩笑会让别人不愉快，既使自己分心，也影响他人。”

学生纷纷表示赞同。

点评与建议

这次教育，齐老师没有劈头盖脸地批评学生，也没有让男女生禁止交往，因为齐老师认为小学阶段出现的这种情况很多都可以归为假性“早恋”。即使个别学生对异性产生好奇心，也是出于朦胧的好奇，并非全都是“早恋”。这个案例说明，对于小学生异性同学间的交往，作为老师，决不能一见此情况就一律给学生扣上“早恋”的帽子，谈“早恋”色变，而应该区别对待各类情况。

齐老师认为，小学生产生假性“早恋”的情况大致有如下几类：

一是好奇朦胧型。低年级小学生都有好奇的心理，他们常常会提出一些看似幼稚的问题。如：“人是怎么来的？是从哪里生出来的？是不是女孩长大了就会生小孩？”甚至小朋友会顽皮地伸出两个大拇指并合在一起，表示“结婚”。这些言谈举止让旁人或家长认为是一种“下流”的行为，其实，在孩子的心灵里，这只是朦朦胧胧地有了性的概念。

二是无知模仿误导型。不良书报杂志、低级趣味的甚至黄色的影视录像等也对小学生有直接影响。长期耳濡目染下，很多淫词秽语从学生口中就溜出来了。那些所谓的“求爱信”中的不少话语都是演员的台词，他们所谓的追求方式也是对影视人物行为的模仿。

三是幼稚玩笑型。有些孩子写情书，说谁爱谁，谁亲了谁，谁是色狼，纯粹是想开玩笑，被攻击的孩子往往脸红无力回击，攻击方孩子利用此心理口无遮拦地胡闹，寻找乐子。以我校六年级男女生递送“情书”来说，几个男生就是冲好玩的心理而写信，女生也是跟着胡闹而已，而并非真的有“早恋”倾向。

四是崇拜爱慕型。班级里有的同学学习成绩好，纪律也好，各方面都比较优秀一点，可能让有些同学羡慕，比较喜欢这样的同学。一些同学自以为对仪表气质出众、精明能干、品学兼优的学生十分崇拜爱慕，就是爱上对方了。

五是失爱错觉型。也有个别学生因家庭关系紧张，缺乏温暖，情感需要得不到满足；或家长教育方法不当、行为不检点，使学生对家庭不满，便产生了寻找异性同龄人发泄心事的冲动。这时，如果一方在学习上、生活上给予对方一定的关照和帮助，这是一种纯真的友情，而另一方往往把这种纯真的友情误解为爱情，产生心理错觉。

解决小学生假性“早恋”问题，根据自己的体会和经验，齐老师认为可以从以下几方面入手：

一是细心观察，正面教育。作为班主任要细心观察每一名学生，一旦发现班级里学生表现出 “假性早恋”行为要及早进行教育，不必小题大做，但也不可任其发展。由于小学生年龄小，对于这些问题他们根本就不懂，当他们提出诸如性的问题时，不是避而不答，而应该从正面用科学的语言用他们能接受的方式告诉他们答案，不要打击其求知欲。 学校要先入为主，主动对学生进行心理健康教育，为学生揭开异性的面纱，正确引导他们对异性的好奇感。

二是引导学生接触优良的书籍、影视作品和网络信息。引导学生正确接触影视网络书籍，不要接触一些对自己身心健康无益的东西，多看一些有意义的节目，不要模仿一些不适合自己年龄的行为。学生有了广阔的知识视野，就会逐步养成正确的人生观和价值观。

三是联系家长，辅以亲情教育。孩子出现了假性“早恋”现象，班主任要及时和家长沟通，家长的亲情教育也是很重要的，家长要给孩子创造良好的生活环境，不要让孩子过多地接触大人的活动，多给他们讲解一些男女生正常交往的道理，家长多注意自己的言行举止，言行举止既要文明高雅，又要不失亲情和严肃，切不可当着孩子的面讲些不利于孩子身心健康发展的话题，做些低级趣味的事情。

四是多开展一些有意义的班队活动。随着年级的升高，学生们容易对男女生交往有错误的想法，班级里多开展一些男女生一起合作，一起参与的活动，有助于学生进行正常的男女同学交往，校方还可以组织班队会，引导学生探讨正常的男女同学关系。

总之，小学生假性“早恋”问题，是当前摆在小学教育工作者面前的新课题、新任务。老师们要以科学的态度和对未来负责的精神对待它，研究它。让学生明白早恋的危害，使他们正确认识男女生交往原则，自觉注意言行举止。这对他们以后升入初中、高中乃至大学后的学习与生活无疑是有益的。

发现女儿与男生来往妈妈开始发难

随着性器官迅速发育，少男少女们开始意识到两性在生理、行为和社会角色方面的差异，产生了一些特殊的情感体验，开始对异性感兴趣，出现向往接近、眷恋异性的渴求，如喜欢一起学习，结伴参加各种社会活动等。有的女孩子在日记中倾诉自己对身边某个男孩子的爱慕之情，有的中学生追星，都是这种心理的表现形式。

由于此段时期是求学的黄金时期，某些家长、老师担心少男少女因幼稚、冲动，影响学业，因而戴“有色眼镜”凭主观臆测，给孩子施加压力，用“早熟”、“早恋”来界定孩子们的这种情感需求，禁止孩子与异性交往或者向孩子发难。

王女士是一个传统的人，现已离婚，带着一个17岁的女儿过日子。王女士的愿望是让女儿上个好大学，不曾想女儿竟背着她交男友。通过跟踪，王女士发现，女儿偷偷和男生到公园约会。王女士当场抓住女儿，并强行把她拖回家，当然也骂了那个男生。从此，女儿对王女士像敌人一样，终日不跟王女士说话，学习成绩也直线下降。情急之下，王女士去求助心理医生。

在心理医生的帮助下，王女士主动与女儿倾心交谈，方才了解女儿的孤独和烦恼。同时她还了解到，那个男生因为刚刚遭遇家庭解体的变故而消沉，女儿因为同病相怜而去安慰他，他们也因此而成为谈心的朋友。

如何让他们正常交往又不影响学业？这真是个棘手的问题！在心理医生的帮助下，王女士和女儿互相道歉，女儿表示今后一定不让王女士伤心，她会好好读书，但请求王女士放松家规，信任并尊重她。王女士一一答应。

接着，王女士又请那个男生到家里来，真诚地向他道歉，共同畅谈人生、友谊、责任、前途，指出他们是好朋友但不能超越友情。好同学好朋友，要互相帮助，有问题可以直接到家里来谈。

果然，女儿和男孩的来往渐渐地减少了，电话里谈论的也多是学习问题。经过半年的时间，女儿度过了这段感情危机期，每天快快乐乐地上学，学习成绩也稳步提高。

点评与建议

少男少女之间的爱慕和相互吸引是人之常情。王女士最初的做法不仅伤了孩子的自尊心，还容易造成孩子性心理偏差，影响孩子将来的人际交往和社会适应能力。有时还会让孩子错误认为，两性交往是低级的、丑恶的，以至于以后在与异性的相处中紧张、恐惧，从而形成社交障碍。另外，来自不同方面的“批评帮助”，还会迫使那些有逆反心理的孩子真的谈起恋爱，以示抗议。因此，对青春期异性间的交往，应采取和风细雨式的正确引导，拉一把仍是友谊；劈头盖脸的冷嘲热讽，推一把就有可能促成恋爱。

女生早恋与人私奔，其母雇人探寻女儿

越来越多的家长专门聘请“私家侦探”对自己“行为异常”的孩子进行跟踪调查。对此，有老师和律师表示，家长请“私家侦探”不仅不合法，还要冒与孩子疏远的风险，甚至要面对更严重的后果，因此，要慎而行之。

孙女士本来对女儿玲玲充满了期望，梦想着她能考上一所重点大学，不料，玲玲上高一不久，就与学校里一名男生偷偷谈起了恋爱。2011年9月初，孙女士与男生的家长都发现了此事，双方家长均对此表示强烈反对，孙女士更是打算“十一”之后，把女儿转到别的学校读书。

就在孙女士着手为女儿办理转学手续时，一个意外的情况发生了。9月末，玲玲与那名男生双双失踪，学校不知道他们的下落，双方家长更是蒙在鼓里。由于深知女儿性格叛逆，孙女士立即想到这两个孩子可能是“私奔”了，羞愤之余，她只好聘请了私家侦探，查找女儿的下落。

据某调查事务所王女士介绍，他们接到孙女士委托后，先是调查了玲玲的同学和朋友。据一位女生介绍，玲玲曾经和她说过，如果父母非逼她转学，她就和“男朋友”离家出走，让他们永远也找不到。根据这种情况，王女士派人查出玲玲新换的手机号码，并用科学仪器对该手机号码进行定位，最终确认她在沈阳。

10月8日，两名私家侦探赶赴沈阳，他们根据仪器勘测出来的位

置，在一家小旅馆里找到了玲玲和那名男生。原来，他们赌气跑到沈阳后，白天在一家小饭店打工赚钱，晚上一起租住在一个小旅社里，俨然一对小情侣。

点评与建议

现在的学生已经越来越要求拥有自己的生活空间，讨厌任何干涉他们生活的人，甚至包括父母。父母如果对此事处理不当，孩子将会十分悲伤、失望，这会加重孩子的逆反心理，极有可能让家长与孩子关系紧张。家长和孩子应该更好地进行沟通，否则代沟只会越来越深。

另外，“私家侦探”这个“行业”尚未得到我国法律的许可，而家长请“私家侦探”还会对孩子的安全造成很大的隐患，要特别当心会“引狼入室”。目前，那些所谓的“私家侦探”素质参差不齐，若有人对孩子起了歹念，那将会造成严重的后果。

明智妈妈帮早恋怀孕的女儿做人流

早恋恰似一朵羞答答的玫瑰，每每在家长视线不及处悄然绽放。涉世未深的孩子们可能会嗅到它馥郁的芬芳。对待孩子的早恋现象，家长首先要有正确的态度，科学看待并处理好这个问题。要意识到孩子只是一时迷失了方向，家长应该及时启发、引导孩子正视问题，作出理性思考与分析。

王女士的女儿今年16岁，正是少女情窦初开的年龄。作为新时代的母亲，王女士告诉女儿什么事可以做，什么事不可以做，她将好与坏告诉女儿希望她自己去判别是非对错。尽管如此。女儿还是跟她同班的一个男孩子早恋，怀孕了。

女儿惊慌无助，战栗着苦苦哀求“妈妈救救我，帮帮我吧，我知道错了”， 王女士的心很痛很痛。她知道此刻的女儿有多害怕，这种事如果处理不好，会对孩子造成身体和心理的伤害，也包括那个跟女儿同岁的男孩；同时王女士也很无奈，这样一个开放的年代，性教育远远落后于年轻人所接触的生活。无奈又疼爱女儿的王女士只好做出了明智的选择——流产。

网上有很多流产方面的广告信息，但王女士真不知道该如何选择，她怕女儿身体受到伤害，影响到以后的生活。一个人承受着女儿怀孕的秘密，让王女士烦躁不安。

一天，王女士在网上跟一个联系较为紧密的网友倾诉，网友安慰之余给她发来一个医院的网址，王女士仔细了解这家医院的技术，决定在这家医院做这次手术。

手术后数分钟女儿就醒了过来，她对守在床边的妈妈说：“感觉像是睡了一觉，还没有做梦。”

王女士抚摸女儿稚气未褪的脸，心疼地问：“痛吗？”女儿说：“不怎么痛，感觉像是来月经时的轻微胀痛。”王女士怜爱地看着女儿说：“但你知道妈妈的心有多疼吗？年轻的女孩子子宫发育才刚刚成熟，流产会对子宫造成伤害，如果不好好保护，容易引起很多妇科疾病，而这些疾病会影响你今后的人生，甚至会给你造成一生的痛苦。事情已经发生了，妈妈不想再过多地责怪你，经过这件事后，相信你也察觉到一些心理和生理的变化，以后要懂得保护自己，知道吗？”女儿一脸悔意地点点头。

点评与建议

面对孩子的早恋，忧心忡忡的家长们，如同面对满是尖刺的花枝，于是他们苦口婆心、软硬兼施，千方百计地要剪除那些“尖刺”。那么，家长们如此的呕心沥血，又浇灌出怎样的“硕果”呢？专家提醒家长们，早恋固然要不得，但是家长们在给孩子上这人生重要一课时，也要找准症结，对症下药。

老师家长互动，教育早恋女孩

现在中学生早恋问题已经成为人们不可避免的话题，面对这一现象，家长忧心忡忡，学生困惑不已，一些老师也不知道该如何下手。早恋问题已成为广大学生、家长的拦路虎，其实我们只要静下心来思考就不难发现，这种现象不可避免。从学生的角度来看，中学生并不适宜谈恋爱，他们心理并未成熟。但是他们这个年龄阶段生理逐渐成熟，他们处于一个相对尴尬的时期。因此，面对早恋现象，我们要正确对待，拒绝简单粗暴，我们要以适当的教育引导孩子们尚未成熟的心智，给孩子们提供一个可以健康成长的环境。

17岁的高二女学生阿洁，身材容貌姣好，性格开朗，喜欢舞蹈、运动，有较好的艺术天赋，感情细腻，给人一种漂亮文静的感觉。只是她家离学校太远，她只好住校，她文化课成绩一般。

阿洁的父母均为干部，家庭条件不错，他们平时对她要求极高，他们对阿洁节假日出去玩都有严格的时间限制，阿洁回家稍晚些就会受罚。她觉得自己家和别人家不一样，她不喜欢回家。

阿洁爸爸一直对她期望非常高，希望她考上理想大学，他和阿洁的交流大多都是在谈学习。阿洁妈妈在生活上非常关心自己的孩子，其他方面却不甚了解。阿洁不再是小孩，她的心理等各个方面都在变化，她需要和父母的交流、沟通。可是，作为父母却都忽视了这个问题。

在阿洁班主任老师的印象中，阿洁虽说学习成绩一直不理想，但她在其他方面还是给老师留下了深刻的印象。只是阿洁平时性格开朗，老师总觉得阿洁不会出现什么问题，所以在关心其他孩子的时候，忽略了身边的阿洁，并没有发现阿洁内心的变化。阿洁自己有什么苦恼也从来不和老师说，这也造就老师缺乏对阿洁心理的关注和辅导。

阿洁身边的人（包括她的父母）从来没有和阿洁真正地交流过心理问题，他们并不了解她的内心世界，这就造成了阿洁后来的变化。

高一下学期期中考试过后不久，原来各方面不错的阿洁，出现了旷课，夜不归宿的现象。据观察以及同学们的反映，阿洁中午、晚上、周末经常和别的班某男生在一起上街、看电影、出入娱乐场所，甚至夜不归宿。

阿洁的这一反常行为，成了同学们关注的焦点，任课老师对此也有所察觉。后来，还了解到阿洁在上初中时，就已经有早恋对象。

后来，阿洁的父母会同老师一起，带着阿洁找到了心理咨询师。通过了解，心理咨询师搞清了阿洁早恋的原因，除了身材和心理发育以及客观环境的影响，因性意识萌芽的出现而对异性产生某种特殊的情绪体验，有意识地爱慕异性之外，还和其家庭教育有着很大的关系。在这个前提下，心理咨询师提出了这样的辅导策略，即老师对阿洁采取教育措施的同时，心理咨询师对阿洁父母提出教育建议。

对阿洁采取的教育措施，包括这样几个方面：

一是重新定位，发挥特长，重拾自信。老师和心理咨询师双管齐下，与阿洁个人进行谈心，从关心阿洁的生活入手，真诚赞美她的优点和长处，以朋友的身份与她交流。这样，阿洁逐渐敞开心扉，主动讲出自己的烦恼。在了解她的内心世界后，他们帮助她一起认真分析，并找出问题的根源，订出计划，使她重新认识自己，树立自信，改变自己。在这方面，老师让她担任班级宣传委员，负责班级节目的汇编。在学习上，老师帮她重塑自信，只要她能在其他方面做好，她在学习上也一定能做好。

二是进行心理辅导。老师对阿洁进行正确的人生观、价值观、恋爱观教育，让她树立远大理想，找好自己人生的坐标。启发引导阿洁正确对待和认识自己的行为，教育阿洁要懂得自尊、自强、自爱、自立。让阿洁知道，早恋固然不妥，但一旦发生早恋，也并非是做了什么坏事。一个人爱别人和被爱都是一种非常幸福的事情。只是处在青春期的中学生由于生理和心理尚不成熟，正处于求学时期，不具备处理恋爱、婚姻的条件。如果一个人真的爱另一个人，就应该努力完善自己，努力使自己成就一番事业，为对方创造各种通向幸福的条件，抓住自己青春期记忆力好，易于接受新事物这一大好时期好好学习，培养自己的创造能力，为自己将来走向社会，成就大业打好基础。同时，老师还教阿洁与异性交往时，保持一定距离，相互帮助，共同进步，同时学会保护自己，学会对自己、对别人负责，从而避免进入情感误区。

三是坚持写日记和读好书。老师鼓励阿洁坚持写日记，锻炼自己的意志，最主要的是可以自省、自纠，不断完善自我，使自己不断成熟。老师推荐阿洁在假期读一些积极向上的好书，如《朝花夕拾》、《人生三部曲》等，并教她写读后感，使她在一种健康良好的文化氛围中，思想认识得到升华，走向成熟。

对阿洁的父母提出的教育建议包括下面一些要点：

一是建议家长肯定阿洁的特长、优点，使他们的交谈从愉悦开始，在谈及阿洁的一些行为时，请家长避免用“早恋”等名称，家长要尊重阿洁，理解阿洁，要以知心朋友的姿态与阿洁沟通，只有这样，才能赢得阿洁的信任，更好地了解阿洁的内心世界。

二是在尊重，理解阿洁的基础上，关注阿洁的学习生活，使阿洁感受到家的温暖，父母要用爱去感化阿洁，帮助阿洁解除青春期的迷惘。

三是在尊重阿洁自尊心的基础上与老师配合，帮助阿洁早日走出早恋误区。家长要经常与老师保持联系，互相沟通了解阿洁的表现。

老师和家长按照心理咨询师提出的辅导策略帮助阿洁，一个学期下来，阿洁与以前不一样了，她的思想意识有了很大改变，她认识到早恋的害处，能端正自我，回到了班集体之中。她减少了与男生的个别来往，在各方面有了很大进步，她参加了学校的田径队、舞蹈队，担任学校早操、课间操的领操员。她还经常参加各种比赛，在学校举行的专业技能比赛中，她发挥专业特长，取得制图、设计比赛的好名次。这些都大大激发了她热爱集体、珍惜自己荣誉的情感。同时，她在学业上也取得了很大进步。

另外，阿洁和家长相处融洽，平时和父母的交流也越来越多，父母与阿洁的沟通也越来越顺畅，他们从各个方面了解孩子，以欣赏的目光看待自己的孩子。

点评与建议

苏联教育学家苏霍姆林斯基说过，“在每个孩子心中最隐秘的一角，都有一根独特的琴弦，拨动它就会发出特有的声音，要使孩子的心同我讲的话发生共鸣，我自身就需要同孩子的心弦对准音调。”阿洁的案例让我们知道：与每一个孩子的那根独特的琴弦对准音调，是需要用心去聆听和调试的。

第二章
同居婚恋，闪婚闪离也疯狂

当婚姻生活出现分歧、产生矛盾，是作出让步，还是分道扬镳呢？越来越多的人选择了后者。爱上一个人，有时候就是那么一瞬间。冲动一点就结婚了，再冲动一点就离婚了。当离婚成为随口说出的字眼，对待离婚的态度化为闪婚闪离者不屑的表情，离婚已不仅仅是个体行为，“闪婚”“闪离”的背后，是家庭之痛、社会之痛！

试婚三个月后，她怀孕他悔约

未婚同居是一种不严谨、不负责任的生活方式，将会影响社会的正常秩序。无论从传统道德，或者从现行婚姻法来看，未婚同居始终是一种不被认可的生活方式，它不仅有悖于中国传统的道理观念，也与现行的婚姻法规相抵触。

27岁的阿玲是家里的独生女，研究生毕业。一年前，她认识了36岁的阿木。阿木大专毕业，在一家小公司做小科员。两人慢慢开始交往，去年年底，正式确立了恋爱关系。

今年年初，阿玲与男友阿木见过双方家长后许下婚约，阿木提出“试婚”。阿木的思想一直很保守，但是想到就要结婚了，希望先相互适应一下。于是他对阿玲说，他想先和阿玲共同生活一段时间后再办婚事。阿玲答应了阿木的请求，瞒着父母在外面和阿木住到一起。

试婚之初，阿玲承担了大部分的家务，阿木对此很满意。可是，一次聚会时，朋友随口说，阿木学历低，娶到一位研究生美女，在家肯定是做牛做马的。阿木一听大急，连连说阿玲在家如何如何服侍他，并轻蔑地说，当初是阿玲追求自己。

阿玲在边上听着阿木的话心里挺难受，但她忍了。没想到打那以后，阿木就习惯性地打击阿玲。阿玲受不了，两人开始吵架。阿玲善意提醒阿木需要怎样做得更好，阿木就粗暴地打断她“还没结婚呢，别这样管我”。后来，阿木提出分手，说这婚不试了。阿玲愣住了，婚姻大事怎么能这样草率？而阿木回应说，幸好自己提出试婚，否则结了再离就亏了。几次激烈的争吵后，阿玲也死心了，就当自己交学费吧，她也庆幸自己没有和阿木结婚。

可就在前两天，阿玲发现自己已经怀孕了，她告诉阿木后，阿木说，都不结婚了，还要孩子干吗？

阿玲的父母听说此事很是自责。老两口都没文化，他们相信女儿的眼光，就算那个男的离过婚，只要女儿一再说喜欢，他们也就认了。可没想到闹出这样的结果，老两口觉得没有尽到父母的责任，没有为女儿好好把关。

点评与建议

《婚姻法》司法解释（二）第一条：当事人起诉解除同居关系的人民法院不予受理。“试婚”属于同居关系，不受法律保护，阿玲只能提出分割同居期间的共同财产，无法得到所谓的“赔偿”。阿玲应该尽快从“试婚”阴影中走出来，吸取教训，更好地保护自己，寻找受法律保护的真正婚姻。

闪婚闪离致使双方怅怅然

婚姻是人生大事，应是经过慎重考虑之后作出的选择。但现在的一些年轻人则完全不把它当作一回事，闪婚闪离仿佛成了一种时尚，两人一来电就立马走进婚姻的殿堂，结婚后随着双方相处时间增多，还要共同处理生活中的各种琐事，双方性格缺陷渐渐暴露。于是，男女双方在一起生活不合适就离，离了再找一个。这正是当前年轻人在婚姻问题上容易走入的误区。

年轻人为何要如此轻率地做出决定呢？双方婚前缺乏深入的了解而轻率结婚，是造成婚后矛盾的一个重要原因。“闪结”是轻率的，这就为离婚埋下了祸根。

2010年11月的某天清早，晓嫣乘公交车去上班。到站时，晓嫣从座位上站起来准备下车，却不料头上痛得她“哎呀”一声叫起来——她的头发被后座的人给压住了。晓嫣一回头，一个帅气的男孩，睡眼惺忪地从她座位的靠背上拿起手，一脸歉意地看着她，“对不起，我刚睡着了。”来不及责备他，晓嫣匆忙下了车。

几天后上班的公交上，晓嫣再次碰到那个男孩。男孩先认出她来，见她没反应，男孩笑着指了指自己的头发。男孩名字叫阿海，大晓嫣一岁，武汉人。由于上班路线相同，作息时间又相近，他们后来经常在那趟公交车上相遇。

两个月后，阿海试探着请晓嫣吃晚饭，她犹豫片刻，就答应了。有一次，晓嫣下班一出公司，就看见阿海笑吟吟地站在马路对面等她。晓嫣非常感动，因为她只跟他提过一次她公司的名字，他就记住了。

其实，追晓嫣的男孩子不少，可她却特别喜欢阿海。一个月后的情人节，他送她一束火红的玫瑰，她含羞收下了。

2011年3月，阿海带晓嫣去见他的爸妈。他妈对晓嫣不太满意，觉得她是外地人，月收入仅2000元。阿海妈妈，甚至背着阿海跟晓嫣说，她儿子相貌堂堂，个头有一米八二，应该找个经济条件更好的对象。晓嫣当时很生气，跟阿海妈妈在言语上起了冲突，晓嫣又把这话转述给阿海，以致他跟他妈大吵一架。后来晓嫣自己也承认这事是她处理不当。

2011年5月，晓嫣跟阿海拿了结婚证。在晓嫣的要求下，阿海从家里搬出来跟她一起租住。从他们结婚起，婆婆就没再跟晓嫣说过一句话，更没给个好脸色。周末，婆婆在家做了好吃的，只叫阿海回去吃，从没让他带上儿媳。那时阿海是向着妻子的，妻子不去他也不去。婆婆更恨这个儿媳了。

婚后，晓嫣跟阿海度过了很短暂的甜蜜期。几个月后，他俩性格不合的地方就显露出来了。

阿海比较大男子主义，且多疑，只要晓嫣平时跟哪个男同事、男同学打过一次电话，他都会把对方手机号暗暗记在心里，然后趁她不注意，用她的手机给对方去电话进行盘查。晓嫣性格活泼，以前人缘极好，阿海这种做法很大程度上限制了她的自由。他还要她什么都听他的。他们为这些吵过不止一次，但他依然我行我素，令她痛苦不堪。

有一天，他们再一次争吵之后，冲动之下晓嫣提出离婚，阿海说，离就离。他们当天下午就请了假，一起去办了离婚证。这离他们结婚还不到半年！

晓嫣和阿海离婚后，阿海又住回他爸妈家，他妈非常高兴。

一天晚上，晓嫣下班回家时才发现，家里钥匙掉在办公室了，如果回去取要一个多小时的车程。于是她给阿海打电话，想请他把他的那份钥匙给她一用，结果阿海的手机关机了。晓嫣犹豫再三，把电话打到阿海爸妈家。晓嫣知道阿海肯定在家，而且晚上8时他一定坐在电脑前玩游戏。

电话是阿海妈接的，她一听出来是晓嫣，就很干脆地说：“阿海不在！”晓嫣忍住怒气跟她说：“阿姨，我家的钥匙掉办公室了，你请阿海帮我送一下，也就十多分钟的车程。”阿海妈没好气地说，“你钥匙掉了不会自己拿？我就知道你这个人靠不住。我儿子现在跟你一点关系都没了！”晓嫣气得挂断手机。

半个小时后，阿海回过电话来，晓嫣正在前往公司的路上，没接。阿海一晚上给晓嫣打了十多个电话，她都没理。圣诞节头一天，阿海在网上留言向晓嫣示好，她的心软了，但气还没消。

元旦一大早，晓嫣给阿海打电话，想请他一起吃饭。毕竟，他俩之间还是有感情的。电话那头，阿海冷冷地告诉晓嫣不必了，说他妈妈已帮他介绍了一个新对象，中午他正好要去相亲。晓嫣顿时惊得目瞪口呆。

放下电话，晓嫣已泪流成河，她给他写了一封长信，回忆了他们在一起的点点滴滴……

几天后，阿海看到了晓嫣的信后打来电话，很无奈地告诉晓嫣，他已经答应他妈妈跟那个女孩在一起了。那个女孩的妈妈是他妈多年的好友，他在认识晓嫣之前，两家就有意结亲，被晓嫣横插一杠子打断了。晓嫣问他喜欢那个女孩吗？他说那个女孩很喜欢他，只是他还在犹豫。

最近一段时间，两个人都怅怅然。阿海跟晓嫣的联系时断时续。他在晓嫣跟那个女孩间犹豫不决。晓嫣也很痛苦，跟他在一起，晓嫣有时快乐有时痛苦，分开后，却只剩痛苦。近两个月，晓嫣夜不能寐，瘦了十多斤。

点评与建议

婚姻不是儿戏，在作出决定前，双方需要从各个方面认真考虑彼此是否真的适合在一起生活。而一旦结婚，双方就应当承担起婚姻相应的责任和义务，认真处理好家庭成员间的关系，多一份包容和理解，努力做一对幸福得让人艳羡的模范小夫妻。

闪婚后她和丈夫同床异梦

在全新的21世纪里，人类的文明飞速发展，一切都似乎换了新的面貌。但是，早被摒弃的“包办婚姻”却改头换面，东山再起，得到了当下越来越多单身男女及其家长的追捧与青睐。以包办婚姻的形式促使大龄男女闪婚，快速组建家庭，表面上看好像帮助他们完成了婚姻使命，其实是违背爱的本意，个中得失冷暖，只有当事人自知！

何灵是外地来郑州的打工妹，迫于压力，跟一个认识不到半年的人结了婚，结婚之后两人却经常两地分居，极少得到关爱的何灵在怀孕后才发现，丈夫是个很冷漠的人。在偌大的城市里，何灵举目无亲，孤单的她苦恼极了，她不知道该作一个怎样的选择。

以前，年龄是何灵最不愿面对的现实，迟迟没有结婚的她一直是别人眼里的困难户，眼看着快30岁了还不结婚，她的情况在大家看来很不正常。在何灵老家，这个年纪还没嫁的女孩就成老姑娘了。因为这个，妈妈爸爸常唠叨她，亲戚们见了她也总是问个不停，在大家面前，何灵就像是做了错事一样抬不起头来。每次她回家的时候，家里人就张罗着给她介绍对象，在家人的威逼下，她也去看了几个，但都因对方不是她喜欢的类型而不了了之。其实，她并不是一个拒绝结婚的人，其实她心里一直默默地渴望着爱神的光顾，没想到最终盼来的却是一场厄运，去年春天她去相亲了，从此她开始被不幸的婚姻套牢。

何灵婶婶受何灵父母的委托，一直很操心何灵的婚事。这一次，婶婶给何灵介绍了一个对象。那天，何灵被婶婶拉着去一家小饭店里和那个男人见了面。他其貌不扬，长得黑瘦黑瘦的，不是很爱说话，他比何灵大一岁，平常在北京打工，祖籍也是何灵湖北老家的，这次他回来也是找对象。那次见面，何灵就像一个木偶似的没说几句话，见了他何灵没有一点感觉，更谈不上有什么兴趣。何灵想，见过一次就算了，她的命里不会与他有缘，但没想到事情的发展却没有按她的意愿进行，她糊里糊涂地被人推着走，从此和他产生了一连串意想不到的纠葛。

何灵知道爱上一个人应该会有心动的感觉，就像以前她爱过她的一个同学那样，所以她一直盼望着那种心动的感觉再次出现。

其实在何灵的心里一直有一个男人的影子，她喜欢他很多年了，他是何灵曾经的同学也是同事，但最终他们却无缘。在老家的时候，他们在一家厂子共过事，彼此都非常熟悉对方，在一起总有种心灵相通的感觉。他对何灵很好，总是帮她做这做那，时时关照着她。那时，何灵从心里喜欢他，他身上那种热情洋溢的气息深深地吸引了她，可是天生腼腆的她，尽管喜欢和他在一起，却把这种感情遮掩起来，丝毫不敢大胆地表露出来。直到有一天，何灵知道他有了女友的时候，她彻底崩溃了，她知道她错过了人生最难得的一次机遇。从此，她把爱连同伤痛一起隐藏起来，离开了伤心之地，在奔忙中麻醉自己，不愿再轻易地敞开心扉。

几年过去，何灵的感情似乎麻木了，连她自己都不敢肯定以后还会不会爱上一个人。

这一次也同样，这个男人的出现一点也没有唤醒她深埋在心底的那份感情，她对他丝毫没有感觉。可是，何灵的家人对他却挺满意的，家人在她面前不停地说着他和她如何般配，她一点兴趣也没有，她直言不讳地跟婶婶说不喜欢他，可她妈妈听了却不高兴了，说她都这么大年龄了，还想高攀什么？再不将就，以后就一辈子当老姑娘了。无奈之下，何灵只好同意跟他交往。那时她只是想，算了吧，就找一个先垫着，省得被大家的口水淹死。

他不善言语、不会交际，一副老实巴交的模样。他们俩在一起都是何灵在说话，正因为她从没想过要跟他在一起，所以她也不把这当回事，她的心思由此也放开了一点，忍不住问这问那。他的笨拙常常逗得她哑然失笑，紧张的气氛就变得轻松起来。没想到，他这个人一点头脑也没有，连她取笑他的话也听不出来，反而以为她看上了他。

认识没几天，他就提出要何灵跟他结婚。何灵听了哭笑不得，告诉他别多想了，她还不想嫁人。他听了有些急了，忙着去找介绍人，因为他回家乡一趟不容易，无论如何都要找到一个人定下这门亲事才行。在他一趟趟的奔跑中，何灵的妈妈完全不顾女儿是怎么想的，只是觉得他这么急切主动就一口答应了他。何灵感觉家人就像急着处理商品一样把自己甩了出去。

他是一个没有主见只会听从别人安排的人，在得到何灵妈妈的点头同意之后，他就放心地回北京了，在干了三个月后他拿到了工钱，高高兴兴地来到了何灵家，给何灵买了一大包礼物，说是要和她成亲。

看到他得意洋洋的样子，何灵烦躁极了，她和她妈说她不喜欢他。妈妈一听就火了，冲着女儿吵个没完没了，妈妈认为女儿这几年跑野了，自以为了不起，快30岁了连东南西北都分不清楚，再不听话就别再回家了。何灵听了，只有不住地流泪。

他带着礼物而来，当然不愿空手而归，非要和何灵在这个冬天把结婚证取了，或者得到她才踏实。她不同意，他就说不谈了。她听了自然很高兴，分手就分手，她是不会嫁给他的！

她妈妈知道后，骂她骂得更厉害了，家人像走马灯似的轮流劝何灵，说她任性，再这样下去就彻底不管她了。何灵不想因为自己的亲事闹得众叛亲离，只好答应他再考虑几天。

两个月后，何灵还是嫁给了他。出嫁的那一天是她有生以来过得最心酸的日子，他们草草地请客吃了顿饭，何灵便把自己嫁掉了。

在陌生的院落里，何灵看着周围陌生的一切，心想这是自己的婚礼吗？再看看还有些陌生的他，她的眼泪差点流下来，她多年来心底里一直期待的人，难道就是眼前的这个人吗？

在蜜月里，他们也有过短暂的幸福。何灵跟他最好的日子就是去了趟北京，他带她去了心中向往已久的天安门广场。神秘繁华的北京让她兴奋不已，因为他们没有太多的钱，就住便宜一点的地下旅馆。那几天，他们漫步在这座美丽的城市里，她恍惚间觉得这一切好似在梦里，有种不真实的感觉，她多希望那一刻永远凝固下来啊。那段日子，何灵突然心胸豁然开朗起来，同时也觉得他还是有些能力的，他对她也蛮不错，心里在暗暗庆幸自己遇到了一段还算不错的姻缘。她想，如果他还是这样一直关心她的话，就是有太多的无奈她也认了。

从北京回来，因为他父亲得了病，需要他经常去陪，他不能再出门打工了。何灵不怪他，可是婚后，她在他心里的位置一落千丈，他的眼里好像已经没有了她，除了干活，他平时连句话都很少。

为了生活，何灵还要继续打工。就在她回郑州的那天下午，他却为了一点小事而不来送她，只是抛出了让她“自己走”这句冷冰冰的话，就把她打发了。她心里很是生气，强忍着怨气走出了家门。在上车的时候，她还是忍不住地回头看，她多么希望他能出来送她，哪怕什么也不说，她也会感动万分，但他始终没有出现，让她带着新婚后的失落离开了家乡。

差不多半年了，他只来看过何灵一次，在郑州，他闲逛了两天就走了，连一句暖人的话也没有留下。离开后，他的电话也很少，书信和信息也没有。偶尔打打电话，他都是在说他工作有多么辛苦、多么难，好像除了说这个他就没有话了。慢慢的，还没建立的感情就僵在那儿了，何灵连在蜜月时对他的一点好感也没有了。

最近，何灵发现自己怀孕了，然而她没有喜悦只有惆怅，她不知道自己该怎么办。他现在帮他的一位堂兄打杂，一个月也挣不了几个钱。她怀孕了，要去做各种检查，还要增加营养，可他没给她寄一分钱，他总说没钱，让她自己想办法。她想，也许他真的没钱，他父亲生病确实花掉了家里很多积蓄，但无论如何他也应该关心一下还没出世的孩子啊！她跟他说，再过些日子她就不能工作了，生孩子后，还要在家带孩子，不能出来工作了，让他要有思想准备。没想到他却说："你不出来工作我就不要你了，因为我负担不起！"她气急了，忍不住和他大吵起来，如果他当初说这句话，她绝不会嫁给他这样一个无情无义的人！

从相识、结婚到现在，他们相处的时间才一年。她就这样糊里糊涂地嫁给了他，把自己的一切都交给了这样一个人。她的婚姻才刚刚开始，她却不知道该怎么走下去了。有时她想，如果她死了该多好！一切烦恼都没有了！可她是活生生的一个人，她的生命还有无数个日子，可活着为什么就这么难？她的脚步该迈向哪个方向呢？她想离婚，但担心家里不同意，这么短的时间就离婚，家人朋友该怎么看她呢？但她思考的时间不多了，因为她肚里的孩子会越来越大，她不明白她婚姻的这条路，怎么走得这么坎坷，一切才刚刚开始就仿佛走进了死胡同。

何灵常常在漆黑寂静的夜晚，自己一个人簌簌落泪……

点评与建议

何灵因为家人而赌气选择了闪电式结婚，嫁了一个自己并不喜欢的人，结果是同床异梦，苦果自吞，这该责备谁呢？后悔与自责都于事无补，今后的生活将何去何从她确实需要很大的勇气来抉择，命运最终还需自己去把握。

快速闪婚后娇妻网恋致婚姻破裂

夫妻关系的存续以夫妻感情为基础。判断夫妻感情，应当从婚姻基础、婚后感情、夫妻关系的现状等方面综合分析。

一对“80后”认识不到十天便结为连理，婚后妻子迷上网恋，丈夫痛殴妻子，不到一年的婚姻便走到了尽头。某法院依法判决准予当事人双方张某与艾某离婚，小夫妻结束了这段短暂的婚姻。

张某与艾某均系1987年出生，2010年8月15日经人介绍相识不到十天，两人便举行了订婚仪式，男方给付女方彩礼、金首饰若干。之后，两人便开始同居生活，并于2010年9月1日到民政部门办理了结婚登记。

婚后不久，艾某发现以前乖巧的妻子爱上了网络，有时候深更半夜还在上网，做饭洗衣等家务都是艾某承担。艾某便劝妻子别太痴迷网络，张某笑着说：“玩玩游戏，不要紧的。”艾某开始也没放在心上。

2011年2月的一天夜里，在张某去洗手间时，艾某听见电脑上滴滴的声音，便起身打开QQ。结果，网上肉麻的聊天记录，让艾某顿时感到热血沸腾，但他没有吱声。等妻子回到房间后，艾某委婉劝导，希望妻子不要迷上虚幻的网络。张某随便应答后，又趴在电脑旁。

之后，艾某多次旁敲侧击，告诉张某要珍惜家庭，不要迷恋上网。见妻子无法自拔后，艾某忍不住与她发生争吵，并一拳将张某打倒在地。第二天，张某气呼呼地搬出家门，回到娘家去生活。期间，艾某接张某回家未果，便又打了几个电话，见妻子无动于衷，便又回到个人的单身生活。

在法庭上，谈到新婚生活，艾某说：“我是打了她，谁让她这么痴迷不悟，我都劝了多少次了，她还和网友关系暧昧，在家她什么事也不做，家里的衣服都是我洗的！”

整个庭审过程，张某基本上没说几句话，她神情漠然，各种陈述和辩论大都是由代理律师进行。法庭调查时，当艾某提到离婚时，张某明确表示同意，几乎没有一丝犹豫。当法庭组织调解时，双方当事人短暂地交换了一下各自的调解方案后，便因礼金返还分歧过大，没有提出新的调解意见，而匆匆结束。

点评与建议

本案中的双方当事人经媒人介绍相识不到两个月，便办理了结婚登记，双方婚前缺乏了解，婚姻基础较差，婚后由于张某网恋一事，双方均不能正确对待，未能采取理智和安当的方式予以处理，导致双方的夫妻感情出现重大裂痕。夫妻之间，经常要用多种方式向配偶表达自己的爱意，使对方知道你无论身在何处都依然爱着他或她，切不可把心中的爱意深藏不露，闭口不谈。事实上，一句温馨的话语、一个体贴的动作都会使对方感到温暖和安慰。

试婚怀孕后引发妇科疾病

近年来，随着“80后”、“90后”性观念的解放，人们对于“性”的保守观念也在转变，最典型的现象之一就是“试婚”。

爱到深处，自然希望与对方步入婚姻的殿堂长相厮守，可越来越多的人却在婚姻的大门处徘徊，因为他们害怕缠绵悱恻的爱情会在“围城”中枯萎，于是他们中的一部分人选择了“试婚”——在领取结婚证书前，像夫妻一样生活。但是，试婚的时候女方怀孕了怎么办呢？有人认为，试婚可以，但是“人流”一定要慎重。

吴晓和男友也是一对典型的“试婚族”，两人在大学时期就恋爱了，大学毕业后开始了“试婚”生活，然而，接踵而来的是吴晓意外怀孕了。

因为两人还没有做好结婚的准备，他们最终决定暂时不要孩子，于是，吴晓来到一家声称可做“无痛人流”的小诊所做手术。在手术室里，吴晓才发现，除了一张生锈的铁床和一瓶氧气罐外什么都没有。

这次“山寨”人流后，吴晓一直白带增多，下腹疼痛，后来她去正规医院体检，被查出患有宫颈糜烂、盆腔炎等一堆妇科病。

点评与建议

像吴晓这样未婚同居的现象，在中国已经不算稀奇，流行说法称之为“试婚”，是男女双方正式进入婚姻殿堂前的一次试验。近年来，随着人们性观念的解放，更多年轻人愿意选择用“试婚”的方式来近距离了解自己的另一半。但由试婚带来的诸如家庭责任观念淡薄、性病、未婚先孕、频繁流产等不良后果给人们面对真正的婚姻生活造成了严重的生理以及心理影响。据不完全统计，目前我国每年约有500万例人流，且选择终止妊娠的群体有日益年轻化的趋势。在这之中，未婚先孕者占总数的50%，25岁以下者更是超过总数的67%。由此可见，终止意外妊娠已经不是一个单纯的个人问题，而是一个全社会应关注的现实问题，如何安全人流更是一个亟待重视与解决的问题。

专家指出，女性在终止意外怀孕的过程中，面对令人眼花缭乱的手术方式，要理性选择人流手术。这是因为终止意外怀孕即是从子宫内取出孕囊，不当扩宫、刮宫、器械过硬等都可能引起子宫穿孔、宫腔壁受损、子宫内膜变薄和宫腔粘连等。而子宫又是生命的摇篮，是孕育胎儿的温床，对于日后有生育要求的女性至关重要。妇科专家提醒：意外怀孕后要谨慎对待，选择安全的终止妊娠方式，不要给爱情和幸福留下遗憾，应该以负责任的态度，理性为自己选择可靠、专业、权威的医疗机构，安全解除意外。

试婚搅乱了她的跨国之恋

想要结婚，组成一个家庭，是该选择适合的，还是选择你爱的？这个问题一旦抛出，总会引发观点各异的种种讨论，有人主张爱情至上，有人却认为较之爱情而言婚姻更为复杂，只有合适的人才能一同经历平淡的流年。那么，试婚呢？希望通过试婚来达到改变自己和另一方的目的，是不足取的。事实上，试婚很有可能增加失败的风险。

苏灿在26岁时才开始初恋，男友是一位追求浪漫的法国人。为了维持恋情，苏灿决定和一个陌生男人“试婚”，“学习”做一个风情女人。然而，“试婚”结束后，她却发现自己迷失在两段感情里，弄丢了自己的幸福……

苏灿是个妩媚的女人，她面容光洁精致，除了深皱眉头时隐约露出的鱼尾纹，她一点都不像“奔三”的女人。但她心里有个秘密，它就像颗隐形炸弹一样在时时威胁着她。

苏灿所在的这家中外合资企业，有三分之一的同事是外籍。2011年11月，一个叫杜利斯的法国男人调到苏灿所在的部门，他们的写字间相邻。杜利斯27岁，是个风趣幽默的男人，部门里的女孩都很喜欢他，常常与他谈笑风生。苏灿性格比较内向，很少主动加入到他们的谈话。只有在MSN上，她才能开朗睿智、巧舌善辩。但出于矜持和胆怯，她没有把MSN资料告诉任何同事。

有一天，公司接受某电视台的采访，老总决定派三人执行此任务，首先被提名的就是杜利斯。令所有人大跌眼镜的是，杜利斯起身开口的第一句话是：“我推荐苏灿参加节目录制。我想她能很好地诠释企业形象。”接着，他居然拿出了“证据”——2月底苏灿在MSN上与他进行关于“企业核心”的讨论。天啊，苏灿当时以为网友是香港某公司的企业经理，不料竟然是近在咫尺的杜利斯！他怎么知道她的真实身份的？

完成节目录制后，杜利斯开始公开追求苏灿。转眼之间，她从一个默默无闻的小职员变成了享受异国恋情的“万人迷”。

杜利斯很有绅士风度，刚开始交往时，按照苏灿的要求，杜利斯与她保持着距离，直至她心中的疑虑和不安逐渐消失后，她才公开接受他的约会和鲜花。

五一长假，杜利斯约苏灿共赴杭州。西湖边，垂柳下，夜色中，杜利斯抚着苏灿的长发深情地说：“杭州是个风情万种的地方，我喜欢风情万种的女人，你一定会给我最浪漫的爱情。”话音未落，苏灿心里顿时紧张起来了。杜利斯一定不会相信，这是她的初恋啊。

苏灿偷偷问过很多法国网友，想了解他们的恋爱心理。但是，她从不敢问杜利斯这些问题，她害怕他会将自己和以前的女友相比较，发现她并非理想的伴侣。

几乎在一瞬间，“试婚”这个念头蹦了出来，苏灿被自己吓出了一身冷汗，她要找一个陌生的男人来“试婚”，让他教会她如何与男人同室共处、如何风情万种、如何体贴温柔……

苏灿知道，这属于背叛。可是，如果将来杜利斯发现她太过乏味、不解风情，会不会因此轻视她，和她分手呢……她挣扎了很久，想象着失去他以后的恐惧，彻夜难眠。

一天夜里，苏灿登上MSN，在“甜蜜单身派”的好友群里，她向群中发了一个闪屏：“我想找一个陌生男人试婚，为期一至两周。”

半小时后，有几个“陌生人”敲门，苏灿加了他们，本来只是试探一番，却碰到了和她有同样试婚动机的罗林。两人在MSN上交换了照片，然后约定周末晚上8时在OC酒吧碰面。

苏灿鼓起勇气赴约，简短交谈后，他们彼此有了一点了解。然后，罗林起身说："我们现在就去合租一所房子，然后把各自的衣物用品等放进去吧。""明天就开始试婚？"苏灿很惊讶会如此迅速。"当然，如果可以，今晚就开始。"他望着她说，"你知道，我们的重点都不是这场短暂的试婚，而是试婚之后，我们各自的爱情生活。"苏灿点点头，跟着他走出酒吧。他的果断让苏灿感到放心，她的计划中所需要的正是这样一个速战速决、目标明确的试婚伴侣。

当晚凌晨3时，他们租到房子，紧急购买了所需的生活用品。陌生男女同处一室，他们都很尴尬，脸色发赤。沉默半晌后，罗林打破寂静。他不问苏灿的姓名、职业，苏灿很感谢他的"有所言亦有所忌"的交流态度，并告诉了他自己的难题，"他打算今年圣诞带我去法国见他的家人，很可能就要订婚了。他很爱我，以为我是个浪漫风情的女人，可惜我却连恋爱都没有谈过"。苏灿苦笑了几下，忍不住掉下了眼泪。罗林叹息了一声，讲出自己的恋情：她现在的女朋友是他的初恋，他竭尽所能地待她好，全心爱她；但那个女人比他大3岁，希望罗林能成熟一些、大胆一些，懂得调情和浪漫，而不是像个小孩子，连亲吻都不得要领。

第一晚，他们什么也没有发生，只是相拥而眠。苏灿有些庆幸，找到了一个同病相怜的人。第二天早上，苏灿起床为罗林冲牛奶煎鸡蛋。他在用餐前轻吻了她的额头。

他们在房间里聊天、嬉笑、打趣……渐渐发现了彼此有很多相同点，开始变得熟悉而和谐。他们靠在沙发上看DVD，他教她双手环住他的脖子，仰头让鼻息缓缓喷在他的脸颊和耳根处……他们在音乐中跳华尔兹，他的右手在她背后游移，他俯下头吻她的脖颈……

第三天的晚上，他们极其紧张地完成了最实质的一个步骤。

苏灿在心里祈祷：杜利斯，我终于离你想象中的风情万种的女人近了一步，我可以做你合格的情人和妻子了吗？

在几天的相处里，苏灿发现罗林是一个好男人，他对待女人尊重体贴，给对方舒适感。当她把这些感受告诉他时，他笑着说谢谢。

但是七天之后，他们就要彻底遗忘对方。想到这里，苏灿不禁有一丝伤感。

一周以后，苏灿结束“病假”回公司上班。下班后杜利斯约她一起晚餐。他揽住她的那一刹那，她踮脚吻了吻他的耳垂。杜利斯有点惊讶，但惬意地笑了，大概很满意她的表现。那一刹，她突然在杜利斯的笑容中想到了那个说好要遗忘的试婚伴侣。

三天后，苏灿收到罗林的短信：“我为什么忘不了你？”刹那间，苏灿的泪就流下来了，她知道自己也忘不了他。

当天晚上，苏灿偷偷约见了罗林。他痛苦地说：“那七天多么美好，我怎么也忘不掉！和女朋友在一起时，心里想的都是你！”他带着苏灿去迪厅跳舞，他们疯狂地舞动身体，疯狂地灌酒，想借酒浇愁……

约会之后，罗林继续上他的班，见他的女朋友，而苏灿也和杜利斯一起饮茶、用餐，接受他送的玫瑰花，做他的情人。

对苏灿的“热情”变化，杜利斯虽然有些吃惊，却也没有多怀疑，他以为她是放下了女孩子的矜持，完全接受了他。

三个月后的一个周末，杜利斯让苏灿和他的法国家人进行视频聊天。杜利斯的母亲对苏灿还算满意，邀请她和杜利斯与他们一起生活。杜利斯对他们说：“我和苏灿圣诞时飞回法国举行婚礼。”

杜利斯对苏灿越好，苏灿就越感到歉疚。她压抑着自己，有时候她很想告诉杜利斯一切，她快要忍受不了了，与其继续欺骗善良的他，做他不忠的新娘，背负一辈子的良心债，还不如让自己消失在他的世界！

可是，放弃了杜利斯，苏灿会后悔的。她所做的一切不都是为了这份婚姻吗？她和罗林只在一起生活了七天，这份感情到底是爱还是欲呢？而罗林的身边，也有着另外一个女人陪伴呀。

面对一团乱麻的局面，苏灿每天在惶恐中度过。她考虑了很久，也许，最好的结局就是：和杜利斯分手，不做一个内疚的新娘；和罗林断绝联系，忘记那段荒唐的相遇。

点评与建议

苏灿的行为，很难用道德标准来衡量。她可恨，为了一段婚姻，居然不懂得尊重自己；她可怜，终于等到了爱神的眷顾，却亲手葬送了这份爱。其实爱情可以很简单，就像夏天里的一杯凉开水，舒舒服服地喝下去，自己感到痛快就行了。为了得到爱情，逼迫着自己去改变，如同开惯了慢车的人被强迫驶进了快车道，开得胆战心惊，最后遍体鳞伤。

女人，饶了自己吧，首先给自己一个真诚！

“妻子”重病，“丈夫”溜走

“试婚”从法律角度来说，在财产和人身方面，很难给予保障。有的女性往往是为了取悦男性而与之同居，自以为会因此获得男性的喜欢，其实这样往往容易被男性抛弃。

林燕22岁那年，有一支修建高速公路的工程队租住在她家里，队中一名平潭县的驾驶员侯某与她关系甚好。由于缺乏社会经验，在林某的花言巧语下，他们同居了。2000年她生下了一个女儿，“三口之家”从此过着“幸福”的生活。

天有不测风云。2001年，林燕不幸得了尿毒症，生命垂危，辗转多家医院都无法治好，先后花去医疗费十几万元。

她刚得病时，“丈夫”还能照顾她的生活起居，可看到她病情逐渐恶化，他的态度也随之冷淡了，在陪她治疗一段时间后，“丈夫”没有拿走一样东西(连手机都放在床头)，就悄悄地走了，悲痛的她四处打听“丈夫”的去向，但每一次都失望而归。

林燕真想对“丈夫”这样说：你这么狠心地走了，丢下我们母女俩还怎么过日子呢？你不管我，也要管你的女儿呀！你三岁半的女儿经常梦到你，梦醒后就问爸爸去哪儿了？

林燕早已借遍了亲戚朋友的钱，现在她已陷入绝境，连进医院作血透析的300元钱都借不到，后来，还是她妈妈从乡下借到钱后赶来“救急”。

换一个肾要十来万元，这对于家徒四壁的林家人来说是个天文数字……

点评与建议

在这个案例中，这位“丈夫”在道德层面的背信弃义无须再论，问题是“妻子”应从误区中走出来，自爱、自重，赢得男性的尊重，让两人之间的关系更加稳固。另外，未婚同居的生活方式，是一种不稳定、不成熟、不理想的生活状态，不可能成为社会的主流生活方式。

婚前需要做好情感上和心理上的准备。从情感上来说，应该是双方都感觉已经到了足够的深度和厚度，彼此真诚地相爱，而不是出于心理或身体上的寂寞走到一起。心理上的准备包括：双方都具备独立的人格和能力，可以为自己试婚的选择独立负责；对爱情和婚姻有成熟、客观的理解，既不理想化，也不消极；对试婚生活有合理的心理预期，享受它所带来的甜蜜和快乐，也预估到可能出现的矛盾和失望，并能用平和的心态面对和解决可能出现的问题；相互珍惜，真诚坚定，不轻言放弃。

试婚是一个关乎选择的问题。不同的人，由于性格、观念、心态、感情等各方面因素的不同，试婚会有不同的结果。这里关键是要看两个人的感情是否到了一定的深度，是否已经有了足够的信心和宽容以承载彼此的缺点和不完美。如果你们的答案是肯定的，婚前有一段时间的密切接触应该会对婚姻的稳定起到积极作用。

选择试婚，麻烦多多

好多人都会说“婚姻是爱情的坟墓”，好像是说，男女一旦结婚了，就不会再像恋爱时候那样浓情蜜意了。于是，不少人在两人互相“看对眼”的时候，就选择了“只恋爱不结婚”、“只同居不登记”的“试婚”。

“试婚”，从表面上看，好像是为婚姻找到了一条出路。合得来则两人结婚，从此走进围城；不合则一拍两散，从此分道扬镳。但从实际上看来，由试婚引发的财产、子女抚养等各类纠纷逐渐走进了人们的视野。下面的这三个案例，就说明了试婚男女在感情、财产、子女抚养上的困扰。

现年30岁的女子杨某，感叹自己的“试婚”之路走得实在是极为坎坷。

2002年，年轻漂亮的杨某，通过别人介绍，认识了林某。当时，双方的家庭条件都一般。第二年，两人就开始了同居。为了今后更美好的生活，两人开始了艰难的创业历程。

两人把创业目标对准了水果批发。2003年6月，两人来到H市从事水果批发生意。但意外的是，当年下半年，杨某怀孕了。由于两人的经商经验不足，水果批发生意也做得不顺。于是两人一商量，干脆暂时歇业。随后，杨某回到老家生下了一个儿子。

2005年，两人带着儿子又回到H市，重新做起水果批发生意。这一年，两人运气不错，赚了十多万元。2006年春节后，两人回到老家转行做起了卖石头的生意，这次两人又赚了一些钱。

2009年，两人挂靠一家贸易公司，做钢材生意。渐渐的，两人的腰包鼓起来了。两人先是买了一辆20万元的车子，用了半年后，又换了一辆更高档的进口车。接着，两人的生意越做越好，他们开了一间贸易公司，买了两辆高档轿车，还在H市买了房子。

按理说，两人的日子应该是顺风顺水了。可是，就在买车后，男的开始经常出外，天天在按摩店进进出出，有时还夜不归宿，两人的矛盾由此而生。

面对林某的“滥情”，失望的杨某提出了分手，并约定了20万元的分手费。但林某一分不付，还抱走了儿子，不让杨某探望。

无奈之下，杨某把林某告上了法庭，索要20万元的分手费，并要求儿子归她抚养。

在法官的极力调解下，两人达成了协议。儿子由杨某抚养，林某可以探望。林某每年支付抚养费1万元。

虽说时间是遗忘不幸的良药，但不可否认的是，杨某长达七年的试婚生活，带来的创伤在短期内难以愈合。经历了试婚的她，在今后的生活中，将会认真审视曾经选择的感情生活。

徐某和陈某均为“70后”，经人介绍认识。2001年，两人开始同居，一直未办理结婚登记。

第二年，两人添了一个女儿。随后，三口人过上了平静的家庭生活。虽说两人平时有小吵小闹，由于孩子还小，两人都很克制。但这个情况从2008年的一天开始，有了较大变化。

2008年的中秋节，两人为到哪个老家过节起了争执。男的要求到他家过，女的则说去年已经到过男家，今年应该到她家去过。争吵使二人矛盾扩大。回忆起平日对方的种种不是，两人终于大吵大闹起来。此事还闹到了双方父母那儿，后来，老娘舅过来调解，才勉强把两人说和。从此，这件事在两人心里留下了阴影。

后来，他们的一项投资失败了，两人再次爆发争吵，矛盾升级，双方终于走到了分手的边缘。最终，两人同意分手。

丈夫刘某和妻子汤某均为农民。2002年初，刘某、汤某经人介绍认识，接触几次后，双方均觉得比较满意，就按农村习俗举行了婚礼，但未办结婚登记手续即开始同居生活，后生育一个儿子。同居初期，两人关系尚可，甜甜蜜蜜，生活过得还挺愉快。

随着时间的推移，双方平时隐藏的性格缺点便一一暴露出来。有矛盾时，双方互相不肯迁就。于是，彼此冲突不断，时常为日常小事争吵，夫妻感情日益淡薄。

2008年的一天晚上，汤某在家做饭，在外劳作一天的刘某回到家，坐在沙发上看电视也不闻不问。汤某让刘某一起帮忙烧菜，但刘某觉得自己已经很疲惫，就没有动。见此状况，汤某很是委屈，自己除了在外做事，还要回家烧饭带小孩，刘某竟然也无安慰的话，亦不帮忙做事。各种往事涌上心头，于是她与刘某争吵了一场。

事后，汤某对婚姻心灰意冷，于是不顾儿子年幼，在第二天晚上就抛下儿子和家庭独自一人外出，最终未与刘某联系，亦未来探视儿子。这些年，刘某一直想找回汤某，可多方寻找，均无结果。

点评与建议

以上三个案例说明，试婚，并非人们想象得那么“自由”和无负担。而且，由于夫妻双方不具备法律意义上的婚姻关系，“分手”所引发的财产、抚养费等纠纷，容易让一方或双方应有的权益受到损害。

如何避免这样的纠纷发生？同居一段时间后，是否都可被确认为“事实婚姻”？事实婚姻，是指男女双方未经结婚登记即以夫妻名义同居生活，群众也认其为是夫妻关系的结合。事实婚姻作为法律婚姻相对应的一种婚姻形式，它与法律婚姻的区别表现在其没有履行法律规定的形式要件，而在实质要件方面，与法律婚姻相同。

特别提醒：《婚姻法解释(二)》第1条规定：当事人起诉请求解除同居关系的，人民法院不予受理。但当事人请求解除的同居关系，属于婚姻法第3条、第32条、第46条规定的“有配偶者与他人同居”的，人民法院应当受理并依法予以解除。

从法律意义上说，对于处于爱情中的男女来说，只有到婚姻登记机构办理结婚登记，才能得到法律的保障。

总之，在认定和处理事实婚姻和同居关系时，一方面应深刻理解相关法律法规中有关条款的内容及精神，另一方面也应结合时代特征及具体事实情况灵活处理，妥善解决，尽量使当事人双方的利益得到保护和平衡，以社会和谐为目标和原则。由于事实婚姻在我国存在并且在短时间内无法根除，是一个社会问题，因此我们既要承认和正视它的存在，解决好已经发生的，又要遏制其发展蔓延，限制新的事实婚姻的产生，从而平稳过渡。

缺乏了解，闪婚闪离

对于不少“80后”来讲，“闪婚”已成为一种时尚，但很多人最后却是以“闪离”为结局。不少年轻人就是因为彼此缺乏了解而使婚姻生活“搁浅”。在“80后”的闪婚闪离中，有些人“闪离”的原因简直令人啼笑皆非：有因过年回婆家还是娘家引发争执闹离婚的，有因家务谁干得多、谁干得少闹离婚的，有的甚至因为玩网络游戏而过不下去的。

现在，离婚已不再稀奇，年轻人对待婚姻更受个人情绪主导，不再重视社会舆论压力，态度上少了严谨和认真。

1985年出生的彤彤和1983年出生的石岩是在一次聚会上偶然认识的，属于一见钟情。两人感情升温很快，相处不到半年，就到了谈婚论嫁的地步。

彤彤的父母是一对老实巴交的农民，对女儿的婚姻表示强烈的反对。他们是老派人，对“一见钟情”的恋情有着根深蒂固的成见，认为不可靠，他们希望女儿能通过熟人介绍，找个知根知底的对象。但彤彤坚信自己找到了真爱，2011年4月，她不顾家人反对，毅然与石岩领取了结婚证。

就在两个人收拾房子准备结婚这一段时间，彤彤发现了石岩的坏毛病。他整天不是守在电脑前玩“斗地主”就是下棋。而且，他花钱从来不算计。为此，两人经常吵架。一天，彤彤在一次激烈争吵后把已经装修完的卫生间的梳妆镜砸碎了，然后搬回了娘家。

本以为石岩会有所收敛，没想到彤彤回娘家后，石岩连一个电话都没给她打。彤彤不得不承认，她跟石岩在生活理念和消费观上其实存在着很大分歧。最让她绝望的是，她提出离婚后，石岩竟然连一句表示道歉的话也没有说，而是表现得很潇洒，说“那就不玩儿了”。彤彤伤心至极，彤彤的父母也整天为女儿的事唉声叹气。

大张旗鼓地装修新房，可是到最后装修完工了，婚礼却没了“动静”。在邻居们眼里，彤彤和石岩的婚姻简直就像小孩子“过家家”一样，说不玩儿就不玩儿了！

点评与建议

闪婚闪离之所以如此普遍，根源在于现在的年轻人太鲁莽性急，缺乏耐心。结婚前容易被感情冲昏头脑，耐不住性子考察了解对方，处了一段时间觉得差不多了，就急急忙忙领证结婚了。结婚后，又容易被琐事激怒，做不到多沟通多忍耐，闹了两次就没耐心了，负责任一点的，还一起商量离婚事宜，遇到那种任性的，连个理由都不给！

缺乏容忍，说离就离

“80后”出生的独生子女之所以成为离婚高发人群，与父母从小过分溺爱有关，有八成的试婚者在双方父母家“蹭饭”，从而进一步使他们动手能力差、缺少宽容度和容忍度。这个年代出生的人多以自我为中心，社会责任感和家庭责任感淡薄，这导致他们的婚姻稳定性下降。同时，随着时代的发展，这一代人对婚姻感情质量的要求更高，对平淡生活的不满，使得他们不愿意凑合，一些由生活琐事引发的“婚姻死亡”现象越来越多。再加上他们大多没有子女抚养问题，这使得他们离婚时的顾虑少了很多。

何莉莉和李伟经同学介绍后认识并谈起恋爱。半年后他们买了套房子，并于2011年元旦结了婚。婚后不久，他们发现双方都不会做家务，生活自理能力都很差。两人家都在市里，于是经常到各自父母家“蹭饭”。

5月1日这天，两个人去参加朋友的婚礼，晚上回家后都觉得饿了，但冰箱里除了几瓶饮料和一些水果外，没有别的东西。何莉莉让李伟下楼去买方便面，可是李伟说自己也累了，让何莉莉去买。何莉莉开始指责李伟太懒，啥也不会做，而且不像老爷们儿，不知道照顾她。李伟也不甘示弱地反驳，说何莉莉连饭都不会做，不中看也不中用，两人越吵越凶。何莉莉见李伟将自己贬得一无是处，扬言坚决离婚，李伟也毫不示弱说：“离就离，你这可吓不住我！”

双方对这种天天“住宾馆”式的生活都觉得厌烦，五一长假还没过完，两个人就离了婚，而此时何莉莉已经怀孕两个月。

点评与建议

婚姻中的爱首先要学会“容忍”，进而了解对方，我们都明白世界上没有完美的人，每个人都免不了有缺点，那么，既然彼此相爱，走进了婚姻，就应该因为“爱”而容忍，由容忍而宽容，慢慢地你就会知道对方那是老毛病了，不去理他或她，过两天就会好的。

一位作家说得好：“婚姻是窗前的一盏灯，有它在，你觉得平淡无奇；失去了它，你才知道，什么是荒山野径。”可见婚姻尽管平淡，尽管在柴米油盐中，尽管在一粥一饭中，但你不可以失去它。失去婚姻的人，就失去了爱，会感到寂寞，感到无助。

缺少信任，绞杀婚姻

维护好一段婚姻，不仅需要经济基础，情感的交流、彼此的忠诚、相互的信任等都是现代家庭对婚姻内涵的要求。如今的社会，女性经济和思想都独立，对婚姻的期望已不再是“嫁汉嫁汉，穿衣吃饭”了，让女人彻底依附于男人是不可能的事，夫妻双方彼此的不信任是现代婚姻的最大杀手。

27岁的刘涛一年前与26岁的谢婷婷步入婚姻的殿堂，如今却已将结婚证换成了离婚证。

两个人是通过熟人介绍认识的，相处了四个月后便结了婚。婚后，刘涛的不信任、猜疑很快让谢婷婷感到无所适从。例如，谢婷婷喜欢和同事同学聚会，而喜欢看小说的刘涛则常常在家里。每次谢婷婷聚会回来，刘涛都会审问一遍谢婷婷。“几个人吃饭，都吃什么菜了，有几个男士，谁送回来的”。令谢婷婷没想到的是，婚后，刘涛表现出很强的占有欲，甚至要求谢婷婷不许和不熟悉的男士说话，下了班必须回家，不能答理住在对面的男邻居。刚开始，谢婷婷认为刘涛这样做是因为太爱自己，也就一一照做了。

可是，后来刘涛的变本加厉让谢婷婷无法忍受。有一天，谢婷婷坐在电脑前与同事聊天，对刘涛的问话心不在焉，刘涛一下子起了疑心，认为谢婷婷瞒着自己有了外遇，便开始了与谢婷婷无休止的吵闹，非要那个同事说出来跟谢婷婷没关系才善罢甘休，到了后来他还发展为跟踪谢婷婷。渐渐地，谢婷婷再也无法忍受失去自由的婚姻生活而提出离婚，她索性赌气跑回了娘家。在此期间，谢婷婷在内心极度郁闷的情况下果真另觅新欢，最终，两人在结婚半年后快速分手。

点评与建议

人与人之间相处需要信任，不论是朋友还是亲人，更何况是朝夕相处的夫妻。要想家庭美满和睦，双方的彼此信任是基础。夫妻本是没有血缘却关系最亲密的人，缺乏信任，怎么可能培养出深厚的亲情，拥有稳定幸福的家庭。若都像上面例子中的男人那样对妻子无端地猜忌，将给双方都带来无尽的伤害，而长期的冷战、争吵与暴力会使身处其中的孩子从小就处于缺少亲情与温暖的家庭。

婚姻缺少信任，就容易出现裂痕。所以，在婚姻里，夫妻双方应该在爱的基础上彼此信任和尊重。毕竟，感情不是靠“看管”来约束的。猜疑只会给双方带来伤害，不如坦然给彼此一份信任，信任对方，才能够收获对方的信任；当彼此信任时，彼此的感情就会逐渐浓厚，家庭才有可能幸福美满。

生活难自立，致婚姻死亡

在离婚的“80后”中，有相当一部分人在婚后生活中仍然依赖父母，他们的父母凡事帮他们拿主意，养成他们不能自立的性格，这导致他们的婚姻稳定性下降。一些“80后”因为没有独立住房，与其中一方父母共同居住，甚至连一些简单的家务活都不干，生活能力很差。当他们有愤怒冤屈之情难抑时，双方会轻率地甩出“离婚”底牌。

“一点主见也没有，啥事都得问父母，不像个大男人。”晓琳结婚不到半年，就对“没主意”的丈夫韩冰彻底心灰意冷了。

28岁的韩冰性格温和，为人老实，处事优柔寡断。2010年10月，他经人介绍认识了晓琳，相处三个月，晓琳觉得韩冰性格温和，脾气好，遇事能够迁就她，所以很满意。春节之前，两个人登记结了婚。

婚后，两个人和韩冰的父母一起生活。渐渐地，晓琳发现，韩冰每天在单位遇到什么事，只要一迈进家门，就和父母说，让父母帮他拿主意。尤其让晓琳最不能忍受的是春节前，韩冰想给领导送礼还要等着父母给拿主意送什么。这让晓琳无法忍受，她认为韩冰事事依赖父母，没有自己的主见，感觉自己跟韩冰这样的男人过日子没奔头。

4月5日，晓琳和韩冰回了娘家。门锁不好使，晓琳的母亲修了半天也没修好，晓琳让韩冰看看。不料，韩冰摆弄了半天，最后说：“干脆让咱爸来看看吧，我也整不明白呀！”晓琳一听气不打一处来。“你能弄明白啥事啊？你这辈子就指望着你爹妈吧！要不你一天也活不了！”

晓琳的一席话让韩冰的脸一下子红到了耳根子。两人的关系在一次次不起眼的小事中逐渐恶化。

半个月后，晓琳提出离婚。

韩冰也不含糊："过不了就散伙呗，多大个事啊！"他接着说，"结婚之前是个挺温顺的女孩啊，婚后怎么变得跟母老虎似的呢？我听父母的有什么不对呀？我爸妈还能给我亏吃啊？"晓琳的做法让韩冰至今都想不通。既然彼此不适合，那就谁也别将就谁。

点评与建议

舒婷有一首诗说："我如果爱你，绝不学攀援的凌霄花，借你的高枝炫耀自己；我必须是你近旁的一株木棉，作为树的形象和你站在一起。"婚姻不是一方依附另一方，而是站在平等的位置和对方齐头并进。在婚姻生活中，如果一个男人连起码的自立能力都没有，这样的婚姻只能走向可悲的死亡了！

第三章
出轨婚恋，婚外迷情也疯狂

婚外恋是当今社会中的一个普遍现象，大多数人对婚外恋持否定和反对态度。从本章描述的案例中我们不难发现，在婚姻关系存续期间，婚外恋不但会破坏婚姻家庭关系，而且也是损害自己配偶利益和对配偶人格价值不尊重的行为，这是道德和情理所不允许的。另外，对婚外恋行为引起的虐待、遗弃、重婚、暴力干涉婚姻自由、溺婴、凶杀等严重危害社会治安的行为，中国的婚姻法、刑法及一些单行法规均有相关的规定。不论在中国，还是在流行“性自由”、“性解放”的西方，婚外恋均为大多数人所否定和反对。

婚外情让他变得一无所有

婚外情和婚外性，这早已不是什么新鲜词了。然而，婚外情更多的是追求一种过程的享受和精神上的刺激，但事情总要有个交代和结局，所以婚外情与婚外性都不是免费的午餐。有啥别有婚外情，否则你会后悔一辈子！

潇洒的妻子贤惠是个有艺术气质的女人，后来还读了硕士。在初婚的清贫中，贤惠上日班，潇洒为了多赚加班费而上夜班，俩人每天约定“马路约会”。潇洒去上夜班的路上站在他所乘公交车的最后一排，贤惠下班路上站在她所乘公交车的最后一排，两辆公交车在晚上6点半左右在特定的路段交会，他们相遇后热烈地挥手。

两年后，潇洒跳槽升了职，成天应酬。几年一过，潇洒的工资上了五位数，有车、有朋友、有圈子，一些有头有脸的人也会来求他办事。在交际中潇洒发现自己蛮有女人缘，饭局上时而会有女人向他“放电”，让他飘飘然。终于，一切都发生了……

事情有了第一次就有第二次，潇洒享受起婚外性关系，对妻子贤惠则抛下一堆“出差”的谎言。

2011年的一天，贤惠无意中拿着丈夫的手机，刚好来了一条新短信。她好奇地替丈夫按了阅读键，刹那间她脸色铁青。潇洒夺过来一看，是暧昧露骨的句子。那是他的女同事香菱发的，香菱早已成为潇洒的情妇之一，前年的一次休假，潇洒已带她到欧洲玩了一圈。

贤惠发现得太晚了。一向恬静的她像变了一个人。第二天她就冲去找香菱。更要命的是，香菱的老公也是潇洒的同事，当他得知自己在公司戴了那么长时间绿帽子时，当即愤然辞职，并坚决要跟香菱离婚。

被赶出家门的香菱抓住了潇洒，哭得梨花带雨，说什么也要让潇洒对她有所交代。而就在这时，贤惠也要求丈夫认错。

那天，潇洒和贤惠在咖啡馆约好坐下来“谈谈”。贤惠是个有自尊心的女人，她极力保持着她的矜持，问：“我到底做错了什么？”潇洒突然感到什么都完了，因为他根本说不出她有什么错，一句话，是他自己变心了。潇洒曾经倾慕过贤惠的娴静、文气，但此时此刻他满脑子都是香菱的娇态。最后潇洒蹦出一句：“你上次为什么拒绝雇一个保姆呢？”贤惠大吃一惊，说这也是理由吗？就这样，他们心不在焉地草草结束了谈话。

那以后，潇洒索性搬到了香菱那里过，偶尔回家看看，可心里老想着要逼贤惠分手。潇洒想了一个法子，他三番五次用轻佻鄙夷的口气对妻子说：“我在外面玩过的女人数都数不过来，都比你漂亮！香菱的床上功夫比你好，你根本不能满足我！……”

每当这时，贤惠都会用一种古怪幽暗的眼神看着丈夫，精灵般异样。终于有一天，贤惠无法忍受折磨，做出了过激的举动，她趁丈夫睡熟在他的腿上扎了三刀……贤惠被警察带走了，她那疯了一样的眼神使潇洒胆战心惊。

被贤惠一闹，潇洒的事公司上下都知道了，由此还带出了他种种违纪的事。出医院后潇洒再去上班，结果被“赐”表面上主动辞职，实际上就是被开除了。离开的那天，公司里所谓的朋友没一个为潇洒说情，大家冷冷地看他卷了铺盖走人。

过了不久，贤惠从看守所出来了，她的行为由家庭矛盾引起，恶性程度不高。

贤惠出来后的第三天，她和潇洒去办离婚手续。

登记处周围有一点人声，但包围他们的空气是凝滞的。贤惠不断流泪，却始终没哭出声。她镇定地签完离婚协议。结婚以来，家里的对外书信都是贤惠执笔的，潇洒的字不好，她还曾送他去练字，他去了一次就灰心了。想到这些，签协议时潇洒反而开始流泪，等到贤惠木然地拿起离婚证书走了，潇洒一下子号啕大哭。登记处的人都看着他，他们的协议书上明白地写着离婚原因是男方婚外恋，大家就奇怪这个男人为什么要哭。

潇洒回头一看，自己什么也没有了。他只能投奔香菱。香菱还在公司忍辱上班，薪水够两个人过活，潇洒想也许自己要靠她了。可是他已过不来穷日子。而且他是个男人，也想再找一份好工作让前妻看看。可职场不容易，潇洒已经40岁了，心想能再奋斗二十年吗？他觉得前妻会一直冷冷地看着他的。

离职后人走茶凉。原来的老客户还想到请潇洒赴宴，但档次大大降低了，从前两三万的珍馐变成了两百多元的桌头……

现在，潇洒的口袋里揣着100多元，他还想下个小馆子。可是接下来呢？潇洒不知道，他陷入深深的痛苦和茫然之中……

点评与建议

潇洒的一切好不容易得来，却全被婚外情毁掉了，婚外情毁掉了他妻子的幸福，也毁掉了他自己。搞婚外情，是男人在骗，女人发贱，这就是婚外情的真实面目。

女强人在丈夫婚外情中成“弱者”

一个女人如果看不起她的丈夫，那么，怨妇之怨会让她的爱情大打折扣。女人一旦没有了爱情，那么维系这个家庭也就十分困难了。怕只怕弱势的一方一味地隐忍，不敢表达任何意见，怨气累积久了，一旦爆发，情况可能就会失控。

聪明的女人懂得婚姻的幸福是靠自己经营出来的，她们不在家庭中斤斤计较、谋求平衡，无论在家里做“女红”还是在外冲锋陷阵，她们总能找到自己的最佳位置。强势时不盛气凌人，弱势时不妄自菲薄。

秦岚今年42岁，是省城某机关单位的部门负责人，丈夫也是另一家事业单位的领导。这个有房有车、收入颇丰的家庭在外人看来十分美满，但去年下半年以来，秦岚的心情一直跌落在谷底，因为她发现丈夫有了外遇。

在秦岚看来，丈夫的表现一直非常不错。尽管他也有着较高的社会地位，但在家里他一直对自己言听计从。家里的大事小事都由秦岚做主。有一次，丈夫想买数码相机，在网上搜索了很久有关的信息并选中了几款心仪的品牌，但最终决定权还是在秦岚手中。对于丈夫的出轨，她觉得十分突然。掌握到充足的证据后，秦岚和丈夫摊牌了。

让秦岚意想不到的是，丈夫竟然提出离婚。为了正在上初中的女儿，秦岚想维持这段感情。无奈之下，她寻求了婚姻家庭指导师的帮助。现在，她的心情渐渐好转，也和丈夫开诚布公地谈了这件事。丈夫也答应和第三者断绝往来，回到妻女身边。

点评与建议

这段婚姻危机的出现，原因可能在于女方的个性比较要强，而习惯在外面呼风唤雨的男方回到家反而找不到男性的尊严，这让他产生了挫败感。一旦在外面遇到性格温柔、仰视自己的女性，男方便极易出轨。好在秦岚处理问题的态度比较理智，而丈夫也有较强的家庭责任感，从而化解了危机。

婚外迷情，一失足成千古恨

不少女人都希望自己的另一半英俊潇洒、聪明健康、心地善良、有钱又痴情。事实上，世界上没有十全十美的男人。于是，面对外界的诱惑，一些女性常常不能把握自己。结果，一失足成千古恨。

齐华的顶头上司叫杜鑫，从初识齐华开始，杜鑫便被齐华迷人的少妇风韵吸引。齐华虽是一个12岁孩子的母亲，但由于保养得很好，她依然年轻漂亮，杜鑫又是个很会讨女人欢心的男人，他从未掩饰过他喜欢齐华。

作为齐华的上司，他利用手中的权力很快就将齐华提为副主任，又常利用工作之便，在出差回来时送一些小礼物给齐华。相比木讷的丈夫韩初，齐华自是觉得杜鑫更加讨人欢心，更何况杜鑫能带给她事业上的成功。于是，一来二去两人就走到了一处。

有句俗语说："天下没有不透风的墙。"齐华和杜鑫的关系不久就传到韩初的耳朵里。韩初开始并不相信这是真的，他一直觉得自己和齐华的感情很深，也不愿相信齐华会背叛他，可关于齐华的传言越来越多，韩初也感到问题的严重性。他偷偷地跟踪过齐华，确实感觉齐华和杜鑫关系不大正常，只是苦无证据，想来想去他才编造了自己出差在外的谎言。

韩初假借出差的名义离开家后，又在夜半时分偷偷回家，正好看见妻子和杜鑫在自己家里约会，一怒之下他与杜鑫厮打起来。两人打到露台上更是难分难解，最后韩初失手将杜鑫推下露台。韩初的家在六楼顶上，只听"砰"的一声闷响，杜鑫从六楼阳台重重地摔在地上。

寂静的夜晚突然有大声响动，楼门口顿时热闹起来，人声鼎沸。众人见地上有一个男人躺在血泊中，眼看着是活不了了。

这时，一辆警车呼啸而至。很快，警察就从楼内带出了一个人，人们仔细一看是韩初。只见他神情木然，脸色苍白得毫无血色。而他的妻子齐华却没有出来，只听得楼上的齐华声声痛哭。齐华也自觉得无脸见人，因此从始至终没敢露面。楼下的邻居们更是议论纷纷。

邻居们都说，韩初与齐华从前曾是一对多么恩爱的夫妻。韩初是市法院的法官，齐华则是会计师事务所的会计师，他们仅有的小女儿活泼可爱，可没想到，好端端的一个家就这样破碎了！

杜鑫摔死了，而韩初也将很快面对法律的严惩，齐华从此背上了一个不光彩的偷情的罪名，她再也无颜面对同事和朋友，于是将自己关在家中。小女儿得知了自己家里发生的一切，又要面对父亲的锒铛入狱，她不肯原谅母亲，从此住在了祖父的家中，逐渐疏远了齐华。

又过了一段日子，齐华不愿在这伤心地久留，便将楼上的房子变卖。虽然狱中的韩初提出离婚，但齐华并不同意，她已经觉得自己很对不起韩初，想先带女儿好好生活，等韩初出狱后如果不能原谅她，她再将女儿交给韩初，然后离婚。现在，她已带女儿南下离开她熟悉的人群，到南方开始新的生活。

齐华已经为她的失足付出了代价，家毁了人散了，她深深地后悔当初的鬼迷心窍，一时的激情换来的是终身悔恨！

点评与建议

对于红杏出墙，也许每个出墙的女人各有原因，但快乐的背后却是痛苦。本案中的齐华因失足付出了惨重的代价！

一个医生与女病人的婚外情

家有河东狮怒吼，外有温柔女孩追得紧，如此受气包老公，面对如此出轨“机遇”，是出还是不出，婚是离还是不离？不离吧，心有不甘，为什么以后的人生不该为自己好好活呢？离吧，家中虽没了爱情，但还有孩子，还有责任。还有一个更重要的不敢离婚的原因是，害怕看似美丽的风花雪月是一段没有未来的情感插曲。相信很多男人都曾遇到这样的难题。

医生吴清的肩上担负着作为丈夫的义务，作为父亲的责任，可他却爱上了自己的女病人。一边是没有尊严的家，一边是炽热的婚外激情，他该如何选择呢？医生吴清之所以爱上女病人丽洁，是因为吴清的那个家让他窒息。这话还要从头说起。

吴清的老家在湖南农村，家里兄弟姊妹七个，他和弟弟读书时的成绩是最好的。那年他和弟弟一同高考，弟弟考上了西北的一所重点大学，而他偷偷撕掉了录取通知书，外出打工。他做了很多种苦工，下煤矿，进砖窑。在昏暗潮湿的环境下，灰头土脸的他感觉很不甘心。就在这时，一家单位到吴清他们那里招工，他抱着试试的态度去应聘，结果他以第一名的成绩被录取了。

吴清吃苦耐劳，认真做好每一件事，因此他受到领导们的普遍好评，最后留了下来。第二年他又被推荐到武汉的一家医学院进修大专文凭。那时的吴清已经是一个大龄青年了，家里人催促他快点解决婚姻大事。

在朋友们的鼓动下，吴清参加了一个征婚俱乐部的活动，认识了阿娟。阿娟是武汉女孩，吴清给她的第一印象很好，吴清对她也有一点好感，但并没有那种触电的感觉。

阿娟家里人强烈反对她和吴清交往，因为吴清是外地人。在强烈的自尊心驱使下，吴清打电话提出分手。第二天，阿娟来找他，他恰好出去了，她在烈日下等了他四个小时。就是那四个小时，吴清觉得这个女孩值得自己守候一生。

在第二年的冬天，吴清和阿娟领了结婚证，吴清也终于在武汉有了自己的家。

结婚后，吴清开始是住在丈母娘家，但生活总会有摩擦和冲突。岳父岳母对他不甚满意，总觉得他是乡下的土包子。而阿娟也不是他想象中的那种女孩，她性格急躁而骄纵，他一直忍气吞声。

吴清在武汉的学习结束后，被单位分到同一系统内的一家医院。医院在省内的B市，他在那里自修了本科文凭。

吴清真正在家的日子只能是周末，请假是比较困难的。可如果岳父岳母有什么事，阿娟就打电话给他，让他马上回家，如果他不及时回来的话，阿娟就会跟他吵，认为他不心疼她的父母，没有良心。更主要的矛盾在于后来吴清他们买的房子，阿娟非要买在豪华地段，而吴清的经济实力根本无法承担，虽然他不抽烟，不喝酒，甚至不买衣服，但他家底薄，而且弟弟在读研究生，都是他在供给。

吴清想好好劝劝阿娟，让她买偏远一点的房子，她说她家出钱。但是，自从有了漂亮的新房，吴清在家里再也抬不起头。他们住的那个小区，有钱人特别多，阿娟对他越来越不满意，总是说谁家的老公会挣钱，谁家请了保姆之类的话。家对吴清来说根本不是温暖的窝，而是沉重的壳。

就在吴清背负家庭重壳的时候，丽洁出现了。

丽洁是吴清的一个病人。那是一个深夜，她脸色苍白，捂着肚子来到吴清的办公室。她低着头，强忍着痛，回答医生的问题。看着她额头不断流淌的汗水，吴清暗自佩服这个娇弱的女孩。她得了急性阑尾炎，需要马上开刀。

那天本来应该是吴清主刀，但他打电话叫来了另一个医生，因为阑尾炎手术需要脱光衣服才能做的。平时做手术已经习以为常的吴清，那天不知道为什么突然避讳了起来。他突然觉得看一个女孩子的裸体，很不好意思。

丽洁的手术很成功，只是开刀后要住一个星期的院。吴清每次查房时，都会关心地问她几句，他尽量表现得像关心其他病人那般对待她。可吴清觉得丽洁看他的眼神是炽热的。丽洁休息一两天可以走路后，天天跑到吴清的办公室找他聊天。从来都是照顾别人的吴清，丽洁这次却让他体会到了被关心的感觉。在丽洁热烈而真挚的笑容面前，吴清幸福而又退缩着。

吴清和阿娟的矛盾冲突终于爆发了，导火线是阿娟对吴清母亲的态度。吴清的房子装修好后，就把妈妈接过来住，让妈妈享受一下清福。吴清的爸爸很早就去世了，是妈妈把他们兄弟拉扯大的。因为劳累了一辈子，吴清妈妈的腿落下了病根，行动不太方便。

阿娟对婆婆不但态度冷淡，还总是找茬儿跟婆婆闹，说婆婆做饭不好吃，洗衣服也洗不干净之类。为了家庭太平，吴清一直忍让着。有一天，阿娟当着吴清的面数落婆婆，吴清就说了她几句，结果她嚷着："这房子是我买的，你不满意就滚。"吴清没想到她会说出这样的话，竟然一下子没反应过来。阿娟又嚷着说："你们都滚！"当时，吴清差点甩手打她一巴掌，是他妈妈把儿子扯住了。第二天，吴清的妈妈就收拾行李悄悄走了。

那件事以后，吴清好一阵子都没有理阿娟，经常主动要求在单位加班。也就是那阵子，丽洁一直找吴清玩。她手术好了后，单位批了她一个月的假，让她好好休养，她就经常去医院看吴清，还经常煲汤端到吴清的单位让他喝。

吴清和丽洁的电话和短信也多了起来。周末，丽洁让吴清陪她去江滩，吴清犹豫了很久，但还是抵制不了她灿烂的笑容而答应了。那天，他们玩得很开心，丽洁在阳光下像一个天真的孩子般开怀大笑，牵引着吴清的心。吴清一直忙着事业和家庭，从来没有好好玩过，很久都没有这样开心地笑过了。

他们一直玩到晚上9点多钟，丽洁还是不愿意回家，她说好不容易出来玩一天，就应该玩尽兴才好，闹着要去看通宵电影。吴清耐不住她的软磨硬泡，心一软就答应了。那天晚上，她就那样靠在吴清的怀里睡着了。看着她的嘴角微微上翘，吴清心想，这个爱笑的女孩连做梦都是微笑的。吴清不自觉轻轻搂紧了她，低头在她的额头上亲吻了一下。谁知，她醒了，搂住他不放，直白地跟他说："我喜欢你，跟你在一起我好开心，你不用说什么，只要你也觉得开心就行。"

虽然那晚什么也没发生，但是吴清的心已经真的出轨了。他逼迫自己忘记所有的一切，可是真的没办法做到。丽洁从来不跟吴清说让他离婚之类的话，也没有让吴清给她任何承诺，但吴清真的很喜欢和她在一起。

吴清想跟阿娟离婚，但舍不得幼小的儿子。儿子非常乖巧懂事，虽然吴清在家的时间非常少，但儿子很黏他，他一回家儿子就抱着他的腿要"抱抱"。孩子需要一个完整的家，吴清心想，自己不能那么自私，他不想因为爱而伤害任何人，所以只能伤害自己。

吴清和丽洁在一起确实很快乐，但吴清现在根本就没有资格谈爱。他的前半辈子都在为别人活，他很希望后半辈子能好好地为自己活。同时，他也很无奈地发现，自己其实是一个很懦弱的男人。他不敢离婚，还有一个重要的原因，就是他害怕和丽洁的风花雪月，将是一段没有未来的情感插曲。

吴清瞻前顾后，却又渴望拥有爱情，他该如何选择呢?

点评与建议

有些女人，特别是在夫妻关系中地位、收入等各方面处于强势的女人，往往对丈夫不太尊重，动不动便颐指气使，动不动便恶语相向，让丈夫成为一个抬不起头来的“受气包”。这样的“受气包”一旦在家庭之外找到安慰，到了要离婚的地步，往往会走得很决绝，走得心安理得。而这个时候，做妻子的看到平日被自己不当回事的丈夫居然成了别人眼中的“香饽饽”，又会跟别的女人争抢得头破血流。这是很多失败妻子的一种范式。希望这个故事能让这类女人引以为鉴。

偷情女人事发后被老公毒打

生活中确有不少人彼此欣赏相互倾慕，但如果都因此而做出不轨之事，那岂不是大大的乱套？几乎所有出轨的人都能找到借口，以掩饰自己的心虚并为自己壮胆，为自己的过错寻找心理上的自我安慰。可惜对于背叛家庭者，再冠冕堂皇的理由，也得承担应有的后果。

屠年是一个刚步入社会的大学生，在医院工作，一天他遇见了来医院进修学习的吴美。吴美27岁，比屠年大5岁。或许是彼此的气质、性格相投，在一段时间中，双方都对对方很有好感。

不过，屠年对吴美还是很有顾虑的，因为她已经有了家庭，还有一个5岁多的小孩。屠年一开始很委婉地一再拒绝她，可是后来在一天夜里，她喝醉酒打电话给他，说在路边等他。屠年没有控制住自己的情感，结果当天夜里他们就发生了不该发生的事情。

随着时间的推移，屠年跟吴美之间的感情越来越深厚。屠年很多时候都很后悔，不想对她、对自己的生活造成伤害。他数次提出分手，但最终还是心软，毕竟自己深爱着她，虽然知道不应该，但就是割舍不下。

在偷偷交往期间，屠年还了解到吴美家的一些事。吴美跟她老公已经没有感情，因为她父母的家庭在她进修的这个城市，所以她在进修期间就一直在她父母家居住。过年那段时间，她老公来了，她为了让屠年不难受，也为了证明她跟她老公确实没有了感情，她便在老公还在她家住的时候，晚上跑出来陪屠年。

可是纸终究包不住火，吴美老公知道了老婆跟屠年的关系，便把吴美狠狠地暴打了一顿，叫她交出屠年的通讯地址。吴美死活没有说出。

事情闹大后，屠年的家人也知道了这个情况，他家里人打电话告诉吴美的家里人，保证屠年今后不会再跟吴美联系，请求吴美的家里人低调处理。

屠年得知吴美被老公打后心痛万分。吴美是个从小被宠坏的女人，可最近她丈夫动不动就殴打她，还叫人监视她。一次，吴美换了一个手机号，跟屠年聊了一下，说她老公说离婚可以，但是要她把屠年交出来，否则就杀了她弟弟。

吴美家里人也要她委曲求全。屠年一想到吴美被殴打，被折磨，心里就痛苦万分，可又无能为力。他很迷惑，也很茫然，不知自己该怎么做。

点评与建议

被屠年戴绿帽子的吴美的老公殴打吴美，要吴美交出屠年这个人，否则就要杀人。屠年不要忽略一个处在愤怒状态的男人的话，这样的男人很可能什么事情都干得出来。面对如此棘手的问题，按照一般的理解，屠年就当主动站出来做应有的承担，毕竟是屠年的出现，让吴美老公承受着一个男人最大的耻辱。

当然，屠年可以尝试通过电话与吴美老公沟通。在这个过程中，屠年应当保持克制，给吴美老公一个出气的机会。如果吴美老公一定要见屠年，屠年可以请自己的好朋友出面，一起跟吴美老公接触一下，摸清她老公的真正意图。如果事态进一步恶化，比如吴美老公仍在殴打她、折磨她，并扬言杀人，吴美、屠年就应该通过司法渠道寻求帮助。

另外，事情到了这样一步，可以想见吴美以后的日子不会好过，离婚对她可能是一个无奈却不得已的选项。这个时候，屠年应该考虑今后该为吴美做些什么，比如是否跟吴美永远生活在一起，想必吴美在身体受到伤害时，也在考虑这个问题。如果吴美老公并不打算离婚，屠年当立即放弃跟吴美的所有联系！既然吴美有错在先，对老公一时的暴力也会有一定的心理准备，假如吴美为孩子的成长考虑不想离婚，屠年也就没有必要继续与她保持那样的关系。

妻子爱上丈夫好友，酿成杀人惨案

婚外情中的女人究竟是值得同情还是应该被诅咒，这似乎永远是被争论不休的问题。事实上，婚外情中的女人的家庭，往往都有一个对她漠不关心的男人，或者是家庭实体本身因某种原因早已支离破碎，有的只是表面上的太平。

1992年，何英和文全在朋友的一场婚礼上相识，文全是伴郎，何英是伴娘。在宴席上，文全为了不让新人喝太多的酒，再三出面帮忙挡酒，何英当时觉得这个人还挺讲义气的。喝得满脸通红的文全也不时地望着何英，然后又不好意思地将头扭到一旁。在晚间的聚会上，文全的朋友对他说："你也老大不小了，应该找个伴了。"文全半开玩笑地说："那就找小英吧，我觉得她挺优秀的。"在朋友的笑声中，何英开始默默地留心这个长得并不帅的男子。

几天后，文全开始追求何英。恋爱的日子里，文全总是变着花样给何英做好吃的，逗何英开心。何英一直没有工作，文全在城隍庙卖碟子，收入也不多，可他们总是从清苦中找到乐趣。1994年，两人在何英父母家里结了婚，幸福包围着这间并不算大的屋子，可何英觉得很知足，有这样体贴的男人相伴到老，她还奢求什么？

结婚后两年，何英一直没有怀孕。一天，丈夫陪她一起到医院检查。医生的话犹如炸弹一般让何英痛不欲生："输卵管堵塞，永远都不能怀孕！"百般酸楚涌上她的心头……痛苦中何英做了个决定。丈夫亲切地搂着她的肩问："医生说是什么原因？"她扑在他的怀里，哭着说："我们离婚吧，我不能生孩子。"文全懵了，过了好久才说："没什么，我们领养一个孩子吧！"可何英能感受到丈夫内心的失落。丈夫是个孤儿，从小就失去了父母。他经常对妻子说，等以后有了孩子，他一定要对孩子好。可作为妻子的她却无法完成丈夫这个心愿！

从医院回来的日子，他们一直努力地回避这个尴尬的话题，谁也没有主动提出领养孩子的事情。文全对何英依旧体贴关心，面对妻子的郁郁寡欢，他总是说："不要有心理包袱，只要我们相爱就足够了！"可他们谁都藏不住内心对孩子的渴求。

由于没有孩子的阴影时刻笼罩着他们，何英和文全选择了在麻将桌子上打发日子。这样的日子持续了近十年。谁也没有料到，他们却因此遇见了那个改变他们夫妻命运的男人！

2003年，文全认识了同样喜欢打牌的侯成，由于两人有很多共同语言，他们很快成为好朋友。之后，侯成就常到何英家里来玩，每次都热情地招呼何英为"嫂子"。何英从丈夫那里知道，侯成已离婚多年，是个典型的花花公子，有很多女朋友。何英还给丈夫开玩笑说："你不要学他那样，要是被我发现你在外面包养'小蜜'，我不会饶你！"丈夫听了，笑着说："现在老了，没有本钱了，还是我们凑合着过算了。"这句话让何英心里甜甜的。

一天，闲在家的何英突然接到侯成的电话："小英，我想见你！"何英惊呆了，心里一阵慌乱："你不要乱说！""我知道你是兄弟的妻子，但我从见到你开始，就忍不住喜欢你……"在何英看来，这是除丈夫外，唯一对她说"喜欢"的男人！她的心里掠过了一丝莫名的感动。她没有挂断电话，静静听着他的表白。然而最终她也没有同意他约会的要求，也许她还没有面对和处理这种事的心理准备。当夜，她失眠了，她没有将这事告诉丈夫，她脑海中不断地浮现侯成的影子。

第二天，侯成来到何英家里，他仍然热情地喊何英嫂子。在饭桌上，何英从侯成炽热的眼神里读出了一种特别的意义，她一直埋着头，回避与他眼神交汇。这一切，文全一无所知。

之后，侯成隔三差五地给何英打电话，他总是说些笑话逗她开心。一天，何英身体不舒服，躺在床上休息，又接到侯成的电话，“宝贝，你在干什么？”“我肚子不舒服。”何英说。“你躺着别动，我来看你。”他说。何英很矛盾，既盼望他来，又担心这将意味着什么的开始。然而，当何英开门看到站在门口的侯成焦急而心疼的眼神，她心醉了。

尽管侯成的经济条件也不好，可他经常送给何英小礼物，哪怕是一朵价值几毛钱的红玫瑰，她都觉得很珍贵，可能情人的心就是容易迷乱。一天，侯成说他在一家宾馆等何英，她没有犹豫，打了辆车从家里赶往了宾馆。接下来发生的事情，突破了朋友和朋友妻子之间的关系。

何英接受了丈夫好友的感情，她心中爱的天平已经偏向了侯成，何英开始和文全争吵。为了不让丈夫察觉他们的事情，侯成到家里来的时间减少了，偶尔给文全打电话也是说最近很忙，文全还叮嘱侯成要爱惜身体。

2004年初，为了能天天和侯成在一起，何英说服丈夫将楼下一家茶铺承包下来，并找侯成一起来帮忙。6月，交茶铺房租的日子到了，何英拿出存折一看，上面居然只有几十元钱，她不得不找文全要钱交房租。

何英问文全：“做了这么久生意，每天盈利好几百，居然连房租都交不起，钱到哪里去了？”文全发怒了，这是结婚以来，他第一次对何英发这么大的火：“我早就听说了你们的事，你解释清楚！”何英低着头，不敢看丈夫的眼睛。就在这时，正好楼下有顾客喊打麻将，何英借机下楼，并想着退路。

正在楼下招呼客人的侯成看到何英脸上的泪痕，迅速跟出来问：

"发生了什么事？"何英哭着说："他知道了，怎么办？""我们走吧！"侯成咬了咬牙说。

就这样，他们头也没回地离开了，没有带走任何东西。当晚他们跑到侯成朋友那里，第二天就在附近租了一间房开始了新的生活。

从家里出来的时候，何英只有几千元现金和一部新手机，而侯成身无分文。就这样他们苦苦支撑了几个月。后来他们实在没钱了，就四处找亲友接济，就连牌友那里也欠下不少债。此时已没有刚在一起时的浪漫，他们开始为了钱吵架。

接下来的两年里，何英一次也没有回过家，2005年和2006年的春节，侯成回成都过年，何英一个人在出租房里，她伴着泪水度过了三天。三天以后，何英哭着给侯成打电话："你快回来吧，我很想你……"侯成却很不耐烦地说："知道了！"委屈的泪水再次从何英眼中涌出，她开始怀念与文全在一起的日子，可她哪里还有脸去见他！

2006年5月19日，因侯成的女儿要去外地，他们一起到了成都，住在侯成前妻的家里。在给侯成女儿饯行的时候，侯成的前妻对何英说，两个月以前，侯成曾经找她复婚。看着侯成前妻得意的表情，何英心里难受极了，可她只能忍受，毕竟现在她除了侯成已经一无所有了。

5月23日晚上，在和侯成及其前妻等人一起打完牌后，侯成的前妻提议去吃串。何英他们几个人刚到楼下的串串香店，就碰到了一脸杀气的文全。

"文全！"何英惊讶地捂着嘴巴。侯成也看到了曾经的兄弟。"文哥。"侯成轻轻地叫了一声。"你还知道我是你的文哥？"文全像一头咆哮的狮子疯狂地扑向侯成，两人厮打起来，而何英和侯成的前妻吓得僵在原地。

突然，侯成捂着胸口踉跄地朝大门口跑去，鲜血从伤口喷涌而出。“杀人了！”店里的人吓得立即报警，何英这才反应过来，她哭着扑向已经倒在地上的情人。文全见状慌忙逃离了现场。

当晚，在派出所，何英得知侯成已经死亡的消息。回想起原本幸福的家已破散，何英哭得瘫倒在地上：为什么自己爱过的两个男人，一个倒在冰冷的血泊中，一个成了杀人的凶犯，只剩下她不停地流泪？

后来，文全向警方自首。他托人给何英带话说想见见她。何英心中充满了愧疚，她真的不知道和他以后会怎样……

点评与建议

在这个案例中，杀人的不是这个女人，而是婚姻。没有爱的婚姻，是一潭凶险的死水。错误的婚姻可以杀人，也可以让人慢性自杀。无论人的感情麻木到何种程度，人还是有冷暖的感知，彼此多为对方付出一点，让对方幸福的同时也会让自己幸福很多。因此，既然选择了婚姻，就要抱有对婚姻负责的态度，不能躲在婚姻里偷懒，不能把婚姻当成简单的同居，不能在同一个屋檐下各过各的！

一段如梦如烟的“婚外情”

绝大多数的婚外情实质上是“婚外性”，出轨的当事人多是产生婚外性行为，较少动情。一般来说，男性由于婚外情而产生的心理困扰较少，如果出现问题，他们也能够快刀斩乱麻，迅速解决。此外，男性对于妻子的婚外性行为的包容度较小，一旦发现，可能会选择马上离婚。与之相反，女性出轨，多是动有真情的婚外情，产生的心理困扰较大且困扰时间长，她们在处理问题的时候常常优柔寡断，因而容易焦虑、抑郁等。

20世纪八九十年代，金兰和丈夫武军是通过媒人介绍认识的，他们年轻那会儿，自由恋爱还是少数。金兰和武军几乎没有什么恋爱过程。刚认识的时候，武军还在部队里，他是在探亲假中和金兰见面的。那时候人们对部队军官是那么崇敬，武军戴着大盖帽，穿着笔挺的少尉制服去金兰单位找金兰，他一到金兰单位就吸引了所有人的目光，弄得金兰挺不好意思，觉得自己就这样被贴上记号了，好像她不同意和他在一起就没法再见人一样。金兰那时想，好在武军看上了她，要不她可丢人了。那年金兰21岁，武军比金兰大4岁。

见面没几天，武军就回部队了，他们就靠书信联系。他们那时候的信一点甜言蜜语都没有，因为不敢写。金兰每次写完信还得读好几遍，唯恐有什么过分的话，让武军看见觉得她是个不严谨的女孩子。其实她心里也是很希望他能对她说些悄悄话的，看到他说“家里就全靠你了”之类的话，她就很激动，好像自己被他委以重任一样，恨不得她一个人把他家里的活一口气干完。他们就是这样结束了“恋爱”

时期，这样走进了婚姻，这样过了二十几年。

金兰生活的转折是从2010年开始的。2010年前，金兰被朋友拉着参加了一个业余声乐班，因为她的朋友都喜欢唱歌，她还会弹琵琶，她年轻时学的弹琴琵琶，很多年没动，手早生了。但凑巧的是，声乐老师居然是金兰二十年没见面的中学同学江涛。

江涛中学时就喜欢音乐，毕业后同学们各奔东西，他也就从此没了消息。说来好笑，中学时金兰收到的唯一一张男生写给她的纸条就是江涛给她的。

金兰没想到和老同学见面的感觉那么亲切，她完全没有了平日的沉静，和江涛“哈哈”笑着，大声聊着，一向沉默寡言的她变得妙语连珠。那天回家的路上，朋友问她江涛是谁，她说“中学同学”，朋友打趣说“我还以为是你老情人儿呢，那么激动！”她忽然怀疑自己是不是表现得太热情了。

第二天，江涛就约金兰一起吃饭。金兰忽然有点厌恶和气愤——你觉得我对你热情点就以为我很随便啊？于是，她口气很强硬地拒绝了。江涛有点莫名其妙。

那天回家，金兰忽然觉得很没劲，就对丈夫武军说：“一个二十年没见面的中学老同学要请我吃饭，我没去。”丈夫随口问：“怎么不去啊？”金兰有点生气地说：“他上学那会儿给我写过纸条儿！”丈夫哈哈笑着说：“你怎么跟小孩子似的？你以为二十年后人家还对你有想法？老太婆！”丈夫说完就打开电视看球赛去了。

金兰下意识地走到卫生间的大镜子前面打量自己——她还可以啊，虽然额头和眼角都有了皱纹，身材也有些走样，可作为四十多岁的中年女性，她觉得她还不是很不堪。她忽然白了一眼沉浸在球赛中的丈夫，这么多年，她好像头一次对他产生了不满。

再见到江涛时，金兰把情绪把握得很好。他们在一起大大方方地聊天，亲切而不亲昵，甚至一起联系同学搞了个中学老同学聚会。那个聚会真让人难忘，鬓发斑白的老同学聚在一起，说起二十几年前的种种事情，整个人好像又重新回到了那段青葱岁月。

金兰不再拒绝江涛的邀请，他们时不时地一起吃个饭、喝个茶什么的，有时也会说起各自生活和婚姻中不顺心的事儿。

在一次醉酒后，江涛对金兰流泪了。原来，他的妻子自身条件和家庭条件都很好，当初被江涛的才情迷住，但他们结婚没几年妻子就表露出对他的不屑，但碍于面子和孩子，他们勉强维持着婚姻。看着一个大男人在自己面前掉泪，金兰有点不知所措。在她掏出纸巾递给江涛的时候，他把她的手一下握住了，问她当年是不是真的一点都不喜欢他。

那天回到家，金兰的脸还是热的，虽然她只是让江涛拉了拉手。丈夫一跟她说话，她就有点心惊肉跳，好像自己真的做了亏心事。晚上洗漱照镜子时，她发现镜子里的自己，脸上的绯红竟然流露着兴奋！她心里连连骂自己，使劲儿用凉水洗脸。

金兰好几天没见过江涛了。一周后，江涛到金兰单位找金兰，说金兰不跟他谈谈他就在金兰单位不走了。金兰心慌意乱地跟他到了一家茶楼，他请求她不要疏远他，说他只想和她做个好朋友，没有别的奢望。他说这么多年他一直想着她，只是落花有意流水无情。

江涛的话让金兰面红心跳，四十多岁的她从未听过男人对自己说这些，她觉得自己还不如现在中学生的抵抗力强。她轻易地答应了和江涛做好朋友。

男女之间的友情在男人和女人眼里应该是不一样的。和江涛在一起，金兰从未想过要和他有什么亲密动作，她觉得能和他喝个茶、聊聊天，放松一下心情就很好，可江涛却对和金兰产生身体接触非常向往。他每天都给她发信息，提醒她注意吃饭、注意加衣等，每次都少不了一些情意绵绵的话。江涛中学时就是个才子，生活经历给了他更多的男性魅力，金兰一点点沉陷在他刻意营造的氛围里。

圣诞节这天，女儿在学校参加什么圣诞Party，金兰和丈夫在家有点无聊地看电视。江涛打金兰手机，说他要带她出去玩，让她出去，他就在金兰家不远处等她。不知道为什么，金兰居然很平静地跟丈夫撒谎说有几个好友叫她去逛街，丈夫没有半点怀疑。金兰刚一出门就看见了江涛那辆雪青色的爱丽舍。

圣诞夜，金兰和江涛在一起。他们都不再年轻，可他的狂热点燃了她所有的热情，使她得到了前所未有的快乐和满足……事后，江涛点了一支烟靠在宾馆的床头打量她。金兰不好意思地拉过被子盖上自己，她不想让他那么仔细地看她不再丰满挺立的乳房，不再圆润紧绷的腰肢……

"安分守己"的金兰居然有了婚外情。有时候和江涛约会回来，金兰就好像做了个梦一样，感觉那么不真实。可这种不真实的感觉却时刻刺激着她，让她着了魔一样义无反顾——她开始找各种理由去见江涛。

疯狂的日子就这样过了半年，江涛开始渐渐地疏远金兰。开始的时候，她给他打电话，他三言两语应付她，找理由不见她。后来江涛直接就不接她的电话。她渐渐感觉到了些什么，就给他发信息说她想见面谈谈，他同意了。其实见面后他们也没说什么，他的反应和表情已经说明了他的意思。她知道，他对她的向往都来源于二十几年前，可他向往的一切都在他面前毫无遮拦后，他就对这种不现实的感情一点点丧失了激情。最后她对他说"谢谢你曾经带给我的快乐"，然后她走开，眼泪在转身的时候掉下来。

金兰的生活重归平静。丈夫什么也不知道，他依然每天上班下班，上交每个月的工资，对她不温不火但决不会忽视和冷淡。女儿依然是他们夫妻俩最大的希望和快乐，他们照样会在女儿不在身边的晚上有点无聊地看电视。

金兰觉得愧疚，尤其是一家三口快乐地在一起时，她觉得她原本有个幸福的家，自己干吗经不住诱惑去背叛这种和谐？但她不想让这件事成为她生活和心理上的阴影。她也不恨江涛，毕竟他没强迫她，而且那份感情也给她带来过快乐，虽然它短时间就消失了，但她没有理由去怨恨。

点评与建议

婚姻的主旋律是责任，而爱情的主旋律是激情。两个人结婚后，激情会逐渐退去，此时彼此若未建立起亲情，则会在面对其他异性带来的爱情激情中产生极强的兴奋和愉悦感，进而发生婚外情。婚姻中的男女，应当勇敢地承担各自在婚姻关系中的责任，要相互忠诚和信任。

也许案例中那段出轨的感情是金兰一个很好的教训，它让她更加明白，什么才是真正属于她的，什么才是应该珍惜的。女性一定要记住：婚外情中受伤的或者说受伤较重的，永远是女人。

第四章
网络婚恋，虚拟交友也疯狂

科技发展在为社会进步产生巨大推动力量的同时，也带来了某些负面影响。不少人沉迷于“网上人生”及“网上恋情”，这引发了越来越多的社会问题，与之相关的诈骗、强奸、抢劫、凶杀等恶性案件时有发生，这不能不引起人们的警惕和深思。

灰姑娘虚假网恋诈骗男友

网站交友须谨慎！单身人士很容易被“钻石王老五”、“美少妇重金求子”等诱惑击中受骗。一旦对方以各种名义要你掏钱，你就要敬而远之。此外，要选择正确的维权方式。有的受害人被骗后，寄希望于通过自己的力量惩罚骗子，挽回财产损失。这不仅难以挽回损失，还可能使自己陷入违法犯罪的泥淖。只有通过法律途径寻求解决，才是明智的选择。

2007年，王晓高中毕业了，因为没考上大学，她跟男朋友一合计，干脆收拾行李来了T市。但是身无所长的两个年轻人一直没有找到工作。

2007年秋天，王晓以“深谷幽兰”的网名在QQ上聊天时认识了一个网名叫“玉树临风”的男孩。一个晚上聊下来，王晓感觉对方虽然23岁了，但是非常天真，两个人聊得还比较投机。随后，几乎每天晚上，“玉树临风”都会来陪她说话，两人的感情迅速升温，两人甚至在网上互称老公、老婆，一场网恋真真假假地发展起来。

很快，认了真的“玉树临风”提出见面，王晓不假思索地答应了。是年9月，两个人在锁金村见了面。对方果然是个年轻的男生，交谈中，王晓知道对方真名叫明成，还是个在校大学生。随后，两个人沿着马路一直走进了白马公园，在那里，两人度过了整整一天的时光，并且就此确立了“恋爱”关系。

回到出租屋，王晓觉得明成实在单纯，似乎没谈过恋爱，跟女孩子在一起像个小男孩。她转而想到明成出手似乎很大方，再想到自己的经济捉襟见肘，一个计划慢慢地浮现在她脑海。

2007年11月，王晓回到镇江老家，用手机给明成发了一条消息，说是人在太原，包被小偷偷了，没钱回家，让明成打300元钱到她的银行卡上。果然，收到消息后，明成便给她的卡上打来了300元钱。王晓万分得意，拿着这300元钱，她给家里真正的男朋友好好过了个生日。

这次诈骗后，王晓假模假样地与坠入情网的明成保持着关系，隔三差五两个人便携手外出游玩，天真的明成真的相信爱情来了。

一个月后，王晓来到网吧给明成留言，说自己的父亲在外面养了两个情人，要跟妈妈离婚。但是妈妈不肯，父亲便把全部家产转移到了他情人的名下。现在母亲经济困难，没钱打官司，而且，母亲还被查出脑子里长了肿瘤，需要做手术。第二天，王晓用另一部手机冒充自己的妹妹给明成发来消息，说母亲要到镇江动手术，想向明成借点钱。其实，王晓是家中独女，压根没有妹妹。但是，明成看到消息后赶忙给王晓的银行卡里打过去了5000元钱应急用。他心里还在为这个女朋友担心。

在这之后，王晓再也没跟明成联系，她要伪装在医院陪护母亲的假象。但是，到了12月底，她再次给明成发来消息："母亲去世了，欠下医院大笔医疗费，到现在连丧葬费都没有，至少需要1万元。"急得像热锅上蚂蚁的明成收到消息后马不停蹄地给王晓又汇去了1万元钱，随之附上的还有他无边的关心和问候。

王晓有三个QQ号，行骗上了瘾的她利用这几个号码轮番对明成"轰炸"。明成知道的只有一个"深谷幽兰"，随后，王晓利用别的QQ号伪装成自己的妹妹、自己的女朋友，编织了种种谎言诱骗明成往她的银行卡上汇钱。

直到2008年8月，明成开始坐不住了，因为他给王晓的这些钱，大部分是他借来的。这之后，王晓音信全无，而明成前后给王晓汇出过近4万元钱，明成这时才感觉到被骗了，他赶紧来到派出所报案。五天后，王晓在其暂住地被抓获。

据王晓交代，她之所以决定骗明成，完全是因为觉得明成单纯，太容易相信人。而她骗来的钱全部被她和男朋友花掉了。

点评与建议

这个案件给所有沉迷网络的年轻人一个很好的教训。虚拟网络与现实世界有很大差别，网络只是提供给人们相互认识、交流的平台。只要没有对人身权益、财产权益产生侵害，法律不能介入感情世界。

女白领被网恋洋情人骗百万

人们常说“爱情无国界”，浪漫的异国情缘令许多人憧憬，现实生活中，网络充当起一些跨国婚姻的“月下老人”。但网络本来就充满未知，所谓的涉外网络婚介很容易变成骗子的工具。

陈女士家住深圳，是当地一家大型医院的骨干。她一直梦想能有个幸福的家庭，却仍无缘登上婚姻殿堂。她听说某交友网上有很多“国际成功人士”，便经常上去闲逛。没过多久，一名自称约翰的男子前来和她搭讪。

交往中，约翰自称是“国际货币基金组织副主席”，现年45岁，几年前不幸丧偶，希望找个中国妻子。双方越聊越投机，很快就到了谈婚论嫁的地步。约翰告诉陈女士自己要到上海投资汽车零部件厂，两人相约来沪碰头。

就在两人相约见面的前两天，约翰来电说临时有事要去伊拉克，不能来沪，将派一名助理“马桑哥”过来与陈女士见面，并会将一笔300万美元的投资款交给她保管。

一米八的个子、自称是加拿大人的马桑哥与陈女士很快见了面。马桑哥从保险箱中取出四张粘连在一起的百元美元，拿出一支针筒，将针筒内的黄色液体注入，只见四张美元瞬间分了开来。

马桑哥称中国政府对这些药水要加收一笔6万多英镑的特别费，他们大约还需要7万美元，陈女士便打电话向朋友借钱汇入马桑哥指定的银行账户。

次日，马桑哥对陈女士说他昨晚赶往大使馆取药水时，只有混合型的药水，需要另外付钱，但这时联系不上约翰，深信不疑的陈女士闻听此言立即将毕生积蓄的46万余元也一并给了马桑哥。后来，陈女士因假期不够先返回深圳。

一个多星期后，陈女士根据马桑哥的嘱咐再次来沪，准备进行办厂的前期工作，并在第二天又给马桑哥汇去了1万元。但此后，陈女士发现马桑哥和约翰突然人间蒸发，她疯狂寻找未果后，才意识到自己上当受骗了，随后向上海警方报案。

据查，马桑哥仅25岁，西非某国人，他和另一人于2011年5月中旬就来到上海，专门选国际交友网上的单身中年女子行骗，潜逃回国后，他从陈女士那里骗走的100多万元已被他们挥霍一空。

点评与建议

通常，骗子首先会通过花言巧语，骗取你的信任，然后便以各种借口开始向你借钱或者蛊惑你投资等等。因此，跨国婚恋需谨慎，尤其是对于网上觅“外国夫”的女性，应该擦亮自己的眼睛，找到一份真正属于自己的幸福。凡是通过种种方式向你借钱或合资的，大都是骗子，请务必警惕！

打工妹被“白马王子”网尽十年积蓄

网络爱情，因其产生于独特的虚拟空间，因其独特的认识和交往方式，使得它在具有爱情本身特点的同时，又被披上了一层朦胧虚幻的面纱，给人一种亦真亦幻，似是而非的感觉。不可否认的是，网络里这种隔着面纱的交往方式在很大程度上起到了掩饰作用。如果人与人之间仅仅停留在精神的恋爱上，那么网络也许是一个最好的存在空间。它可以使意中人的形象永远保持最佳状态，可以成就一种完美的精神爱情。然而，问题的关键在于，有多少人能够让爱情永远停留在网络中？

来自广东的甘秋在深圳一家电子有限公司工作，曾在夜大的英语专业进修，是一个很有上进心的女孩。2007年5月中旬，甘秋在同事的影响下，开始网上聊天。一天，她和一个昵称“白马王子”的网友聊上了。从聊天中，甘秋得知“白马王子”是江西景德镇人，在铁路机务段做火车司机。

一开始，他们就触及爱情这个主题。甘秋对“白马王子”讲：“你相信网络爱情吗？我相信，因为我有一位朋友在网上找到了爱情，令我非常感动。”“白马王子”不失时机地回答：“那我可以去看你吗？”

刚开始，甘秋还有点疑虑，担心受骗。“白马王子”连忙辩解：“虽然我不够好，可我从来不喜欢骗人。”

渐渐地，双方的聊天变得神秘起来。“白马王子”提出：双方这么投缘，也许这就是缘分吧。甘秋马上应和着：是的，我感觉缘分来了。并问“白马王子”有没有女朋友，“白马王子”回答说：没有，他母亲对此很着急，但他自己没有信心。

不久，双方开始互寄相片。

5月17日，也就是双方在网上见面的五天后，甘秋就被“白马王子”骗得团团转。甘秋觉得自己找到了真正的“白马王子”，她对“白马王子”大胆地袒露心声：“我对你很有感觉，我多年以来寻找的‘白马王子’终于出现了。我不在乎你所有的一切，我愿意把机会给你。你收到我的相片之后，觉得我适合你的话，真心爱我的话，我真诚地希望你能来广东亲自对我说一句：我爱你。如果你是真正的穷光蛋，你就空手来吧，我愿意为我所爱的人付出。”

5月26日下午，“白马王子”在网上诉苦：他哥哥出了车祸，导致一小孩子眼睛受伤，小孩家长向法院起诉。他们全家人都很着急，他母亲为此事花了很多钱，作为弟弟的他，不能看着哥哥有困难而无动于衷，于是他把自己的全部积蓄都给了他哥。他还说是把甘秋当作心上人和女朋友，才说起这件事的，并请求甘秋寄1000元给他母亲，就算是帮帮他“白马王子”。

甘秋想：“白马王子”把自己的所有积蓄给了他哥，真伟大。于是她当天就寄了1000元给他母亲。

不久，双方约定6月1日在深圳见面。可到了5月31日晚，“白马王子”发信息告诉甘秋，说他如果6月1日来深圳，就得把手机卖掉，原因是没有钱不敢出门。甘秋又给他寄去1000元。

6月9日，“白马王子”终于来了。那天，甘秋特意赶到广州东站接他。“白马王子”在深圳待了三天，甘秋陪了他三天。在这期间，他告诉甘秋打算到新疆做生意。甘秋觉得他这个想法非常好，便拿出5000元给他带回江西。

“白马王子”回家后，一时说要开店，一时说要装空调，一时又说被派出所罚款，他三番五次地向甘秋要钱。甘秋把所有的积蓄都给了他，自己身上只留下63元生活费。

8月底，“白马王子”再次要钱，甘秋寄去500元后，感觉事情有点不对头，于是整天闷闷不乐。同事们知道此事后，便打电话到“白马王子”的单位询问，答复是：确有此人，但是已婚，孩子已经4岁!

点评与建议

网络世界正是一个适宜骗子生存的虚拟世界。网上聊天是一个允许人们化妆后再上来表演的舞台。在这里，“没有人知道你是一条狗”，男人可以伪装成女人，已婚者可以伪装成未婚，魔鬼可以伪装成天使，这就为爱情骗子提供了机会。甘秋就是错把虚拟世界当真实世界，结果丢了钱财，伤了感情。

已婚男子网上猎艳，多位女子怀孕堕胎

虽然上网的男人中不会人人都是为了猎艳，但你不能否认相当多的男人上网就是为了寻找艳遇。一些男人从开始时的网上聊天，看视频打电话到现实中见面，都是为了这个主题。网络有时就像一个狩猎场地，女人在上面有时就像是贴着标签的猎物，整天被不同男人追逐。下面这个故事就是一个男人网上猎艳的典型。

程天是一个已婚男子，他一直瞒着自己的妻子，不断地在婚恋网站猎艳，在网上遇到漂亮的女网友，他便色心大发，通过虚假注册、温柔攻势、一甩了之这三部曲，挖空心思欺骗了数十位女子，甚至造成个别女子怀孕堕胎。

程天是厦门人，知识分子家庭，拥有高学历，在一家企业担任高管，月薪上万，有房有车，看起来斯文儒雅。2007年，程天通过一家知名的婚恋网站，认识了同样生活在厦门的阿芳。秀外慧中、家境殷实的阿芳是客家女子，一直在厦门生活，同样拥有较高的学历和一份不错的工作。两人很快就见面了。

相处一两个月后，他们就确立了恋爱关系，到了2008年，两人领了结婚证。快要结婚的时候，阿芳才发现程天的年龄被他隐瞒了好几岁，不过阿芳当时没有很介意。

婚后不久，阿芳上婚恋网站修改了自己的“未婚”状态，但她却意外发现，丈夫不仅没在网站上修改状态，而且还在多家婚恋网站注册，除了照片和经济情况是真的，其他都是假的！阿芳发现，丈夫频繁和女网友约会。第一次发现的时候，阿芳和程天大吵了一

架，最后程天承认了错误，程天的父母亲也不断劝说程天，阿芳就暂时原谅他了。

后来，阿芳发现丈夫毫无悔改之意，竟然“网恋”成瘾。他为了“保护”自己，甚至制作假名片、假身份证以及假离婚证等。程天就是喜欢网恋的刺激，他通常把女方追到手以后又把人家甩掉。程天的一般做法是，在网上聊天时，他会尽其所能地迎合、奉承对方，博取女子的好感，之后就是急于见面，短时间内就会向对方求婚，甚至跟着女方去见对方家长、去参加女方朋友的婚礼等。女方掉入温柔陷阱后，程天甚至会与女方发生关系。随后，程天会慢慢冷淡对方，直至将其甩掉，除了手机号码，女方根本没有其他方式能够找到程天。短短几年，程天就是采用这种方式，欺骗了数十位女子。

程天专门在婚恋网站寻觅那些大龄未婚女子、离异女子以及来厦门打工的女孩。阿芳曾知道有一个年轻的女孩子还怀了他的孩子，后来找不到他只好把孩子打掉。

当时，阿芳是狠下心要和程天离婚，结果发现自己已经怀孕。阿芳有了孩子以后，发现丈夫不仅没有收敛，反而变本加厉。程天平常对她还不错，情人节也会给她买礼物、陪她过，就是在网恋方面“死性不改”。

阿芳现在很纠结，她一面忍受着丈夫的不忠，一面千方百计地向各家婚恋网站投诉，希望这些网站将程天的ID封锁。

点评与建议

在网上的女性千万不要随便相信有些男人的甜言蜜语。他在说爱你的时候，你要多想几个为什么。千万不要盲目相信所谓单身、优秀、成熟男士对自己一见钟情，那些看起来异常美妙热烈的爱情，很可能是某些空虚无聊的已婚男士为猎艳编织的虚幻梦境。

“网上恋人”合伙作案强奸女学生

网上的情恋，就让它永远留存在网络上吧，不要带到现实中来。就像少年时的恋人永远不要见面一样。让那份想象中的美好，去美化你的生活，美化你的心灵，也美化两人间的情感。把网上的情带到现实中来，那是对遥远的快乐作一种渺茫的追寻，很可能折损美丽的生命。

17岁的王晶是一所中等专业学校的女学生，2008年3月，在同班一位同学的热心指导下，她在学校附近的一家网吧上网，取名“萍儿”。4月的一天夜里，王晶在网上发现“非你莫属”这个名字，觉得挺逗，就随便和对方聊了起来，哪知这一聊便一发不可收，二人大有相见恨晚之意。

“非你莫属”真名叫单丁，男，20岁，典型的社会混混。别看他年龄不大，却是网恋老手，在网上和“萍儿”几句话接触，他就知道她很内向，需要倾诉，于是他眨巴着眼睛给她编故事，当然都是最容易赢得眼泪的爱情悲剧。显然，她被击中了，第一次接触，“萍儿”就把他列入了“好友”栏。再以后，他绝口不谈自己的事，而是耐下性子，和她天南地北地就小女生关心的问题聊，或者不厌其烦地听她倾诉，并适时地用暖心话哄哄她，用无伤大雅的话幽她一默，骗她开心。

2008年6月11日中午，“非你莫属”和其他几个酒肉朋友喝酒，也许是酒精的强烈刺激，他们的话语中一刻也没有离开女色。其中一人竟色胆包天，嚷嚷着要找个妞“玩玩”，“非你莫属”不失时机地炫耀起网友“萍儿”，大伙就商量着以过生日为名，哄她出来，相机诱她让大家“解解馋”。

一场犯罪阴谋酝酿成熟后，单丁约了几个朋友来到王晶所在学校的门口，他找到电话亭，直接拨通了她宿舍的号码。

“喂，你好，我是‘非你莫属’。”听到那熟悉的声音，王晶显得有点兴奋：“你怎么这个时候打电话，又有什么理由约我？”单丁撒着谎编道：“二十年前的今天，新中国的大地上诞生了一美丽花朵，你不想看看，二十年的风雨，花朵开得是什么样子吗？”王晶会心地笑了，明白了今天是“非你莫属”的生日，忙问他现在在哪里，单丁忙接话，就在学校门外，王晶电话那边喊了一声：“哇噻，我服了你！”

王晶邀同寝室的阿芬同往，她俩在一种新鲜、刺激、浪漫的氛围中，见到了“非你莫属”。果然如“非你莫属”在网上介绍的那样，他是个20岁出头的英俊青年，俊朗活泼，很有涵养。于是，当单丁恳求她俩留下吃点便饭时，王晶没有拒绝。

快到下午4时了，王晶和阿芬站起来告辞。这时，与王晶同来的周磊别有用心地提议：“今日玩得真尽兴，既然大家这么有缘，走，去我家继续玩吧！”见王晶和阿芬两人还在犹豫，单丁的那几个朋友都附和着说：放心，下午5点，保证送你俩回学校。说完，连哄带骗地把她俩簇拥上一辆出租车，去了单丁的一个朋友家里。

朋友家里没人，于是，他们几个人坐在客厅内，热热闹闹看起了电视。突然，单丁的一个朋友拽住阿芬的手，不由分说就往二楼的一个房间里拉，进屋后反锁住门，一把将阿芬推到床上。与此同时，单丁的另一个朋友也撕下斯文的面具，把王晶强行拉到一边，恫吓、威胁王晶，肆无忌惮地对王晶动手动脚，在王晶的身上摸来摸去。此时，王晶心目中的“哥哥”单丁却若无其事，吹着口哨悠然地偷乐着。

过了一会儿，阿芬披头散发哭着从楼上跑下来，坚持要回学校。

王晶几个人在一起嘀咕了一会儿，就骗说送她俩回学校，却心照不宣地让车驶向一座废弃的烂尾楼。

在烂尾楼，他们再次强奸了阿芬，王晶自然也没能逃过他们的魔爪……噩梦远未结束，单丁几个人兽性未尽，又粗暴地将她俩分别带回各自家中，继续威胁、殴打，进行惨无人道的摧残、折磨。

直至两天后，警察在接到王晶和阿芬的家人报警后将这些人擒获……

点评与建议

处于青春期的中学生对异性充满了渴望和激情，这是生理、心理发展的必然，而网络则为中学生提供了一个无拘无束的自由空间。但由于年龄和阅历的关系，他们与异性交往的经验较少，而感情又比较热烈和纯真，所以他们容易轻信他人。一方是还未涉足社会的少女，一方是心存歹意的街头赖皮，在网络上却成了爱得死去活来的恋人，其结局也就可想而知了。

十六岁少年深陷网婚无心中考

建立在网络上的虚拟婚姻——“网婚”正成为一种新游戏，在年轻人中流行。迷失在网婚中的青少年大多依赖性强和社交面狭窄，他们遇事容易产生焦虑、烦躁情绪，而这些又会导致他们睡眠质量差，身体多病免疫力差。

2009年中考临近，初三学生周轩的父母突然发现他“失踪”了，父母几经周折才找到周轩，他却坦言他正为“结婚”之事烦恼。大惊之余，父母仔细追问才了解到，原来他要结的是“网婚”。

年仅16岁的初三学生周轩，却已有多次“网婚”经历。他从小在父亲引导下开始学电脑，对编程等十分精通，也喜欢玩电脑。从初二开始，他除了上课时间之外经常上网聊天、打游戏。假期或不去上学的日子，他就整日整夜上网，为此，当“网婚”开始出现，周轩就迫不及待地“谈上了”，最后“热闹地成婚”。

到了初三，尤其是在中考前三个月，周轩黑白颠倒，他白天睡觉，晚上上网，而且拒绝与任何人交往，包括父母。父母以为他想安心复习，就不去管他。于是，他常等父母上班后，偷偷去冰箱找东西吃，然后又泡在网上。最近，他自称“恋爱”受挫，原因是受不了“网婚”的“女朋友”比自己高一个年级，可要主动分手又割舍不了“感情”，于是，便上演了“失踪”闹剧。因为迷恋玩网络游戏，并发展到迷失在“网婚”上，周轩为此逃避上课，甚至无心再参加中考。

迷失在网婚中的少年周轩是独生子，他父亲是某重点大学计算机专业毕业的高级工程师，父亲在家时间少，但对周轩要求严格，态度又过于简单粗暴；母亲对周轩照顾得无微不至，一直拿他当小孩子对待，但对儿子期望很高。祖父母及亲戚朋友都对其溺爱有加。

周轩在父母和老师等成年人面前，言行举止均像个十岁左右的孩子，他说话奶声奶气，还有口吃，为此他初二时的数学老师总是指责他，说他娘娘腔，直至现在很多老师也不喜欢他，但电脑老师除外，由此他更加迷恋网络。但在同学或其他同龄人面前，以及在网络上，他的表现又完全与自己的年龄相称，说话流利，态度潇洒，甚至表现出大男子主义，也有着青春期特有的情感和困惑。

点评与建议

孩子出现心理问题，原因大多同家庭教育有关系，因此家长应该着重从家庭角度化解孩子的青春期危机。心理学家建议，首先，家长要加强和学校的沟通，消除或减少孩子对老师和学校的恐惧。其次，对于学习成绩差的学生，家长应该请家教补课，提高他的学习成绩，增强其自信心。再次，家长应鼓励孩子学习人际交往策略，体验他人的情感。最后，家长应帮助孩子解开早恋心结，从网络回到现实。

十七岁少年千里追杀网上“情敌”

自从“网婚”概念被提出后，这种虚拟婚姻开始流行。令人担忧的是，这种虚拟婚姻几乎包含了所有的婚姻要素，却唯独没有责任在内。在我们的身边，时有因“网婚”引发的极端事件上演，给当事人造成无法挽回的生命和财产损失，在社会上造成了极坏的影响，这实在令人痛心疾首！

性格内向、不善言辞的铁强与同校一个女孩恋爱后，因看到女友迷上了“劲舞团”游戏，并与玩友举办“网络婚礼”而心生怨恨。从此，铁强不断打探女友与其“游戏恋人”在网络里的亲密行为……最终，这个17岁的少年决定千里追寻女友的“网络老公”，上演了一场青春悲剧！

17岁的铁强高中毕业后，就读于某经贸学院电子专业。铁强的父亲早年病逝，母亲开了一间早餐店，靠着微薄的收入供养铁强和他哥哥上学。

2007年国庆期间，铁强没有回家，经朋友介绍，他认识了比自己小一岁的同校的贵州女生姗姗。随后，铁强盛情邀请姗姗等人去老家游玩。铁强的老家在一座古镇，在这里，铁强无微不至的关心，令异乡求学的姗姗深深感动。不久，两人感情迅速升温，很快坠入了爱河。

姗姗从小聪明伶俐，只因中考前夕突患恶疾，最终选择了经贸学院计算机专业，就读大专。入学后，平时被管教很严的她像一只出笼的鸟，过起无人约束的生活。几个月后，姗姗让家里汇了6000多元，说是因为专业学习，要购买一台电脑。

铁强性格内向，朋友很少，跟姗姗恋爱后，他更是一门心思扑在女友身上，平日一有空闲，就喜欢和姗姗在一起。可自从姗姗买了电脑后，她很快就被一个叫“劲舞团”的网络游戏吸引，把铁强抛于脑后。女生宿舍又不让男生进出，一天不见女友的铁强，常常坐在女生宿舍大门旁一边看书一边等女友。

每每姗姗上网累了，才想起铁强，便下楼陪他聊天。铁强看到她的手指总是在腿上弹动，便好奇地问：“你条件反射啊？手指头离开了电脑还动来动去？”姗姗笑着说：“这个你就不懂了吧？我最近正在玩网络游戏——劲舞团，要是你有台电脑，我可以教你玩。”

铁强记住了“劲舞团”游戏，可他家境贫寒，无钱去网吧体验，当女友手舞足蹈地说起游戏时，他也插不上嘴。

一次，铁强听到女友眉飞色舞地说着和里面的网友“恋爱结婚”，他顿时起了疑心，不禁追问：“在游戏中还结婚？这怎么可以？万一对方是坏人呢？”

姗姗狡黠一笑：“想知道也很容易嘛，视频、见面都可以了解啊！”

听女友这么一说，铁强露出不悦之色，他拉着姗姗的手说：“你玩游戏我不反对，可你要在网上恋爱，我会杀了那男人。”姗姗笑他太多心。

2007年11月的一天，姗姗兴奋地告诉铁强：“‘劲舞团’有一个叫‘轻轻芳草’的高手，很多人都崇拜他，主动找他当教练。他看我舞跳得好，主动找我交朋友。”

看到女友满脸喜悦，铁强心里一阵紧张，追问此人是谁，姗姗称不知道对方底细。其实，姗姗考虑到男友的感受，怕节外生枝，不敢告知其真相：“轻轻芳草”叫阿亮，和姗姗同是贵州人，也在经贸学院读书，而且还和铁强同一专业。

铁强害怕女友对网上玩家产生爱慕之情，心中不禁暗急，他急于多赚钱，以便上网瞅瞅女友的网络生活。12月初，学校收开水费的阿姨因事辞职，铁强接下了这份工作，每月有200元收入。

2008年3月，新学期开学后，铁强也开始和室友一起去网吧。一周后，在室友指导下，铁强在“劲舞团”中注册了账号——“我的地盘我做主”。

进入游戏后，由于铁强级别低，找不到玩伴，于是他就成了隐身看客。可每每见到他人给姗姗献花，甚至献吻时，他心里很不是滋味。让铁强更惊讶的是：游戏里的姗姗装扮清纯，一个名叫“轻轻芳草”的舞者总是和姗姗如影随形，两人还经常组队搭档，PK掉其他小组搭档。渐渐地，铁强开始颓废起来，他没兴趣看书，到女友楼下的次数也越来越少。

姗姗察觉出了异样，便追问铁强原因。铁强赶紧解释说：“我除了兼职收开水费，又在学校附近找了一份家教。”见姗姗没再追问，他顺口又问：“你那游戏玩得怎么样了？”姗姗一听，又眉飞色舞地说起来。

女友痴迷网络游戏，铁强决定再次悄悄打听个明白。有一次，他进入游戏后，小喇叭上的公告“嘭”地跳了出来，上面写着姗姗与“轻轻芳草”准备“结婚”。

看到这个消息后，铁强躺在床上翻来覆去睡不着。他想向女友挑明，阻止他们的“婚礼”，可又担心女友知道自己一直在暗中监视她。思前想后，他决定先假装不知道这件事。

5月9日晚，铁强看着女友和“轻轻芳草”步入“教堂”，虚拟的人物拥抱和亲吻着，还有许多玩家向他们献花献礼。此后，每次在游戏中，“轻轻芳草”都会煞有介事地叫姗姗“老婆”。

阿亮和姗姗二人在游戏中建立了亲密的关系后，经常进行QQ聊天。其实在姗姗看来，网上“结婚”纯粹是一场游戏；而阿亮得知姗姗是同专业同学铁强的女友后，表示了自己的失落。

“网络婚礼”过后，阿亮约见姗姗，起先遭到她拒绝，后来阿亮好说歹说姗姗才答应见一面。5月18日，两人相约到学校外面的一家奶茶店喝奶茶，他们聊得正火热时，恰好被铁强撞见。

自从姗姗举行“网络婚礼”后，铁强一直怀疑女友在现实中也和“轻轻芳草”联系，如今竟然成了事实，他更没想到这个男生竟然就是同学阿亮！当时，铁强看到周围有很多人，怕这事传到老师和同学耳中，气愤的他只是冲上去推了阿亮一下。

第二天，铁强将阿亮叫到教室外面，追问：“你什么时候背着我和姗姗好上的？”阿亮一口否认。铁强丢下一句：“你最好不要和我抢，否则我不会放过你！”

下午放学后，铁强去网吧上网，他惊讶地发现阿亮和姗姗又在一同游戏。他立即在游戏中用“小喇叭”对阿亮恶语相向，其他网友见状，纷纷指责网络中的铁强。姗姗并不知道那是自己现实中的男友，也不断地数落他。

当晚，铁强在男生宿舍楼下和阿亮单独见面了，他对阿亮说：“我知道你的游戏玩得好，和姗姗也很亲密，但那只是在网上，她并不爱你，请你以后自重点儿！”

姗姗对两个男生的网下对话毫不知情，她整日陶醉在游戏中。此后，她几次约阿亮聊天，却遭到拒绝。

6月16日，铁强再次邀请姗姗去老家玩，姗姗高兴地答应了。谁知几天后，阿亮也找到姗姗，邀她一起回老家贵州，姗姗想到已经答应了男友，有些犹豫不决。

阿亮见姗姗犹豫不决，就劝说她：“下学期开学，你早点回学校，然后就可以到他家去玩了啊……”经不住阿亮的劝说，姗姗答应和他一道回家。

学期结束后，铁强又来相邀。姗姗怕铁强乱想，以陪姐姐去北京为由，推迟了回老家的行程，并让男友回家等待。

计划突变，让铁强心中忐忑不安，他怀疑女友另有目的，可又抓不到把柄。同学要他一边谎称自己已回老家，一边悄悄暗中跟踪姗姗。

很快，铁强发现了秘密：6月17日上午11点左右，姗姗跟着阿亮从学校所在地踏上了开往贵阳的火车，铁强在另外一节车厢也上了车。

6月18日上午10时左右，火车到达贵阳。下午，姗姗和阿亮转车回到了老家。

铁强也跟到了姗姗的老家，找了一家旅馆住下来。晚上临睡前，他左思右想了一番，担心斗不过对方，便爬起床，跑到附近商店里，买了一把10厘米长的水果刀揣在身上。

第二天上午11时20分，姗姗陪着阿亮从医院出来，阿亮准备乘车回家。一直在外等候的铁强看到两人兴高采烈，心中不禁恼火。

13时19分，当姗姗和阿亮到县农业银行提款机前准备取钱时，一直跟踪尾随的铁强再也忍不住了，他冲上前去，揪住阿亮就打。阿亮和姗姗顿时惊呆了。阿亮一边躲避铁强的拳头，一边大声辩解说："你别误会，你别误会！"

姗姗情急之下，也不知如何解释，只好一边拉扯一边哀求，说："铁强，我们真的没什么，你别打了！"铁强仿佛没有听见，继续向阿亮拳打脚踢。

阿亮疼痛难忍，开始抵挡。混乱中，他一拳打在铁强的眼睛上。铁强失去了理智，摸出水果刀朝阿亮一阵乱捅。随着一声大叫，阿亮应声倒地。

这时，围观者越来越多，铁强慌乱中弃刀逃跑。13时27分，仓皇逃窜的铁强被围堵的人群擒获。

几分钟后，警察赶到了现场，将阿亮送往医院抢救，途中，阿亮因流血过多身亡。

听到阿亮死去的消息，铁强痛哭流涕，反复说："我只是想吓吓他而已，谁想真的杀了他！"

但是，阿亮已听不到他的哭诉。冰冷的手铐映出一道寒光，照在铁强的脸上……

点评与建议

由上网聊天聊成好朋友，进而发展成网恋，甚至来一场网婚，在这个电子网络时代早已见怪不怪了。近期一项网上调查显示，有过"网婚"经历的年轻人，大都有过十多次，甚至几十次的"网婚"，每次"网婚"最长维持一年左右，最短的则只维持几个小时就"离婚"了。

根据现阶段的法律法规，网络婚姻所建立起来的关系是不被我国的婚姻法所认可，不受法律保护，所以是无效的，当然也就不能构成重婚。虽然现行法律不能对网络婚姻进行约束或限制，但网络婚姻给现实婚姻带来的潜在威胁却是不容忽视的。现实中，结婚是件很严肃的事情，夫妻双方都应肩负婚姻的责任和义务。但虚拟婚姻却可以肆无忌惮地一婚、再婚，而无须负任何责任。长此以往，网婚将会对人们的道德底线形成挑战，这应引起人们的注意。

网络婚姻并不违法，但深陷网络婚姻则是有害的。走入网络婚姻是对现实的逃避，而逃避只会让现实问题更加难以解决，而且还可能进一步扰乱现实婚姻关系。青少年由于涉世未深，在网恋中上当受骗的例子很多。过分沉迷于网络，不但会使人脱离现实，还容易使人出现焦虑、抑郁、失眠、易怒、人际关系敏感和冷漠等状况，对心理健康极其不利。因此，陷入网婚的男女，即使有发展为生活中真正恋爱婚姻的可能性，也需要理性地审视这份感情。对于部分深陷其中，焦虑、痛苦、难以自拔的青少年，其家长有必要陪同其看心理医生。

女孩冲动网恋，后被男友掐死

每个涉足网络的人都有可能坠入网恋，尽管谁都知道它多半是痛苦的，但仍有人义无反顾地往里冲，正如不少人知道河豚有毒，却还要尝尝为快，这完全源自一种过把瘾就死的心理。基于此，网恋的悲剧性其实在人们进入网络的第一时间就已经显现出来。

2009年5月，何俊在网上以“一网情深”的网名与湖南省女青年吴波聊上了，没多久，两人便开始了飘飘然的网恋。

何俊长年在外漂泊，心里确实想找到一个心灵的港湾，通过网上聊天，他觉得吴波就是他要找的理想恋人。对吴波来说，她开始是出于好奇而聊聊，但聊着聊着，她竟有些情不自禁了，就这样，两人如痴如醉地掉进了“情网”。

他们一有时间就在网上聊天，大有一日不“聊”如隔三秋之感。为了能永远在一起，远在上海打工的何俊在网上同吴波商量，要么他来衡阳找工作，要么她去上海求发展。最后，他们还是决定：何俊来衡阳，于是他们约定10月26日在衡阳市见面。

2009年10月26日下午，身着西装的何俊提着行李走下火车。见面后，两人高兴地寒暄了一阵，吴波便带何俊到衡阳雨花亭一带租房子，然后两人一起吃了晚饭。饭后，吴波回网吧上班，何俊则在火车站附近的一个网吧上网同吴波聊天，两人聊了一个通宵。

27日早上，何俊回到雨花亭租好的房子便睡下了。下午1时，吴波来到何俊租住的房子里看何俊，他们在房中聊了几个小时，然后他们又在街上走了一圈，下午5时吴波又上班去了。

晚上，他们又在网上聊天，这一次吴波向何俊说出了自己的心迹。她告诉何俊，她有男朋友了，而且他们已谈了五年，她放不下她的男朋友，不能和何俊过一辈子。

何俊听了吴波的话很失望，他问吴波为什么以前要骗他说没有男朋友，要与他过一辈子。吴波只好如实相告，她以前是一时冲动，她很对不起他。何俊要吴波28日过来，吴波不愿意，何俊便说他要走了，要吴波来送她。

28日，吴波没来看何俊，何俊失望极了，他心里非常气愤。晚上，何俊又在网上同吴波聊天，吴波还是不肯来见他。此时，何俊一肚子怒火，他真想把她骗到房间来，当面质问她，再狠狠地抽她一个耳光！

29日下午1时30分，吴波又来到了何俊租住的房子。一进屋，何俊就关上了门，并打开了他带的一个小录音机，厉声责问吴波为什么要这样骗他，问她是否还爱他，问她到底是一开始就在骗他，还是因为他长得不好。

吴波一个字也没有说，她抱着何俊哭了，并吻了他。于是，他们在床上发生了性关系。事后，吴波再次认真地告诉何俊，她与男朋友有五年的感情，她放不下，以前在网上聊天是在骗他，她并不爱他，她最后讲了一句非常无奈的话：她与他发生性关系就是赎罪，现在她不欠他的了！

何俊当时几乎发了狂，他用手死死地掐住吴波的脖子不松手，并大声怒吼："我如图性关系，找个婊子都比你强！"就这样，吴波的生命结束在了何俊手中。

点评与建议

吴波与何俊的故事由浪漫的“网恋”开始，却以一个殒命，一个沦为杀人犯而结束，这与两人对待网恋的态度不无关系。从何俊的网名及他不惜为吴波而追至衡阳的举动中不难看出，他是全情投入，是想寻找真爱。而吴波身边有一个相好五年的男友，她因为新鲜、好玩进入网络聊天，在与何俊交往时难免真真假假。他们的虚幻恋情因此而破灭，最终导致悲剧的发生。

正如不是所有的玫瑰都是红色一样，并不是所有的爱情都能令人长相厮守，网络恋情带来的更多的是虚幻。

为筹钱见网友，抢劫杀人又放火

当代大学生最明显的特征就是接受新事物的能力特别强，跟得上潮流，所以网恋也就自然而然地成了大学生所追求的潮流之一。事实上，有的人在大学阶段过得很空虚，空虚的时候他们难免会找点刺激的事情来做，而网恋正好迎合了这种心态。也有的人因为受性解放思想的影响，或者受淫秽影视、书刊的影响，认为人生在世，就应趁着年轻及时行乐，因而通过网络滥交异性，并为此付出沉重的代价。

占江出生在南方的一个小村庄里，他6岁那年爹妈在一次意外事故中身亡，四个姐姐含辛茹苦把他培养成大学生。在校期间，一次偶然的机会，占江被同学带到学校附近的一家网吧，从此他开始了他的网络生涯。

网上的占江是个“风流才子”，他在网上神采飞扬，言谈幽默，结识了全国各地的一批“美眉”。但网络毕竟是虚幻的，很快，他不再满足于网上交流，他想看看这些“美眉”的真实模样，想与她们有更深层次的“亲密接触”。于是，他频频地泡在网吧里，打长途电话、约会，大把大把的钱都花在了网恋上。

在享受浪漫的同时，占江的经济出现了危机。于是他开始向姐姐们撒谎要钱，并不富裕的姐姐们的微薄收入根本填补不了他的欲壑。无奈之下，他节衣缩食、借钱，以维持他的网络生涯。

2010年夏天，占江即将升入大三，此时他在网上又结识了一个新网友“红豆”。一向在网上伶牙俐齿、所向披靡的他，在刁蛮的“红豆”面前败下阵来。几次较量之后，两人彼此产生了好感，于是化敌为友，约定10月5日在他生日的那天见面。欣喜之后他又开始犯愁，没有钱怎么和“红豆”见面呢？

10月1日，占江放假回到家里。由于村里较偏僻不能上网，他便坐立不安，心里总是惦记着网友们，他多次向姐姐们提出要提早返回学校。姐姐们不知道弟弟的心事，以为弟弟回家不习惯，便在生活上对他照料得更加精心，一定要让弟弟过完生日再走。

在10月5日的生日聚会上，姐姐们共同为他庆祝了生日，并给他凑了300元钱。尽管他需要钱，但看着为他操劳的姐姐们，他还是推让了一番，最后姐姐们悄悄地将钱塞进了他的书包。当晚，他辗转难眠，总是幻想着“红豆”那银铃般的笑声和热情的召唤，可没钱怎么见“红豆”？

他越想越烦，突然，他想到这两年村里有钱人不少，为何不去偷一家然后带回学校。有了钱就可以和“红豆”约会，享受她那火一般的热吻。带着这个“好主意”他进入了梦乡。

10月6日一大早，占江破天荒地没有睡懒觉，而是早早起床，别有用心地在村里转悠。转了两圈后，他把目标锁定在村北头一处气派的红瓦房，在他看来，这户人家开着一处小卖部，一定有钱。他来到小卖部探听虚实，与看店的小姑娘闲聊时，他了解到，第二天店主一家要去赶集，“真是天助我也”，他想。

第二天凌晨4时，占江揣着家里的水果刀，按照事先计划好的路线翻墙进入红瓦房内，藏进了院子里的草垛中。不久，他在草垛里睡着了。早晨7时，主人一家洗漱的声音把他吵醒。然后，小女孩出了门，接着男女主人在唠叨着什么，门一响，声音渐渐远了。听到院子里安静下来，他迫不及待地从草垛中钻了出来向小卖部跑去，突然听到“啊”的一声惊叫，原来女主人临时有事没出去。

“不能让事情败露”，他一边想，一边掏出水果刀，向女主人连捅数刀，只听几声惨叫，女主人倒在地上。随后，占江点火焚尸，离开时，他拿走了小卖部钱柜里的300元钱。

10月7日晚，他匆匆赶到学校，通过电话联系，他在宾馆里见到了梦寐以求的“红豆”，两人在一起待了大半夜。第二天，他再次赶到约会地点时，被守候的民警抓获。

11月10日，占江被法院判处死刑。

听到弟弟被判死刑的消息后，大姐当场昏倒。这些年姐姐们为了弟弟付出了太多的心血，大姐不仅因此耽误了自己的婚事，而且刚到40岁就疾病缠身。这个曾让她们为之操劳、荣耀的弟弟就这样断送了一生！

点评与建议

一个从来没有一点劣迹的在校大学生，为了和网上恋人享受一夜欢情，竟堕落成了一个死刑犯，实在令人痛心！纵观占江的堕落轨迹，其追求享乐、贪图淫逸的欲望，是导致其犯下重罪的祸根。

揭秘跨国网恋组织诈爱内幕

网上征婚，在西方发达国家已是普遍的所谓“解决个人问题”的方式。在西方人眼里，只有“交流”才能捕捉住自己最真实的感觉。随着婚恋网站的增多以及网络通讯工具的普及，一种组织严密、日趋专业化的网恋组织像流毒一般蔓延开来。由于该类组织处于灰色地带，本文姑且称之为“网恋组织”。

2010年9月，在一个由海外留学生创建的婚恋交友网站上，中国留学比利时的女学生阿菲认识了一个网名叫“无为”的男人。这是一个帅气的男人，说话沉稳而有礼貌，懂得疼人，自称是香港某证券公司澳门分公司的VIP客户主任，主要负责帮助VIP客户通过投资而获利。很快，阿菲和“无为”成为恋人，MSN上、电话里，两人开始以“老公”、“老婆”互相称呼。其实，这个男人是一个刚刚20岁的年轻人，他是在一家简陋的网吧里，用身上仅剩的15元钱上网认识阿菲的。

在阿菲与“无为”相识的八个月前，“无为”其实已经连续两个月没找到工作了。一天，经朋友介绍，他来到一家自称为香港某证券公司澳门分公司的公司应聘。几天后，好消息传来，他被录用了。他很高兴。

上班后，“无为”发现，公司其实是一个网恋组织。公司有200人，老板下面，员工被划分为多个小组。区域管理者是仅次于老板的高管，组长是小组的最高领导，然后是处长，最基层的是电话手（电话聊天的专员）和键盘手（网络聊天的专员）。除了这些基本职位外，还配有教官、老师和打手。同事之间不叫名字，都是用外号或师兄之类的称呼，网络交往对象则被称为“客户”。

大家分工非常明确。教官专门研究女性心理，老师对大家的业务进行指导，每周六下午和周日还要培训、开会，针对在聊天过程中遇到的问题进行分析解决。公司有一套系统的学习手册，里面包括澳门风土人情和香港某证券公司的介绍，股票的基本常识，如何应对客户的每个疑问或是怀疑，如何聊天告白以及培养感情等，一些被认为是成功的聊天记录还会拿出来让所有人学习。

“无为”和同事们被分散到不同的房间，每个房间四个人。大家吃住都在公司。

每天早上8时，包括“无为”在内的所有键盘手和电话手就准时起床了。之后，他们会上MSN和各个婚恋交友网站收发信息，当然，MSN都显示的是“脱机”状态。

上午9时30分，公司会通知大家统一上线，因为香港某证券公司每天早上9时到9时30分为例会时间。有客户在线的话，大家就开始聊天。如果线上自己的客户很多，“无为”就会对一部分客户说，要出去看看或者“经理叫我”之类的借口。反正就是和客户轮流聊天，要显得自己工作很忙碌，当然，也是避免忙中出错。中午12时30分，自称金融投资经理的键盘手们会对客户说，“要去盯盘了”。其实，这是每天中午12时30分钟的统一吃饭和休息时间。晚上9时，和客户说“要下班回家了”，如果有客户缠着，就说“保安都在催了”。当然，下线后，还有许多事情要做。

对这一套工作流程，“无为”很厌恶。他每天睡眠不到五个小时，疲惫不堪，而且外出取赃款时，公司都会有两个主管跟着。“无为”最畏惧的还是公司的打手，他们都是学过武术的，逃跑被抓回来的人会被打得半死。

当和一名客户交往一段时间后，经过分析判断，具体操作人员就以内线投资获利巨大，且刚好空出一个VIP客户的理由，诱导客户汇款到指定账户，内部称之为“开枪”。而为“开枪”所做的准备，叫“铺梗”。

“铺梗”的过程，一般是先告诉客户自己要到香港总公司出差，然后，过上十天左右，“开枪”告诉客户，有一个内线投资的机会；“开枪”是整个骗局的最关键处，大家都很谨慎，仅公司总结的《开枪注意事项》便有近万字的篇幅。

比如，操作人员如果决定开始“铺梗”，就必须要达到以下条件：一是已在MSN上和客户聊天二十天以上，每天至少30分钟以上；二是至少连续五天，每天都要打电话给客户（时间20分钟以上），并且客户也会主动打过来；三是进行自我评估，看看你的客户是否已经陷入爱情的陷阱里，如会常常打电话给你，想听你的声音等；四是已经编织过两人未来共同的梦，约定好近期见面的时间；五是试探过如果要客户玩股票，客户的反应。

在《开枪注意事项》里，甚至用非常醒目的字体提醒这些在中国内地某城市偏僻郊区忙碌的同事：从澳门分公司出发，坐船到香港，再到总公司，全程约两小时。给客户发“报平安”的短信，切莫在时间上出现差错。

“无为”和阿菲相识两个月后，“无为”说，自己要到香港总公司执行一项重要任务。大约十天后，“无为”告诉阿菲，有一个天大的好消息，而且需要保密。“无为”说，有一个“内线”投资的机会。内线，是指上市公司的高管如总裁、副总裁及持股10%以上的个人股东，这些内线的一举一动都会影响股市，他们买卖股票需要在两个工作日内向香港证监会提交报告。重要的是，“无为”的公司可以通过特殊渠道获取“内线”投资的报告，加上香港证交所交易员对回报的预测，再经过基金法人以及分析师的分析，“无为”的公司来决定VIP客户进入股市的时间，以及对股票是买涨还是买跌，这就是

"内线交易"，可以获得几倍甚至几十倍的收益。

"无为"对阿菲说，VIP客户的身份不是所有人都可以获得的，只有每年在他们公司下单交易金额达1000万港币以上，和公司合作两年以上并每年缴年费20万港币的客户才有这种机会。现在，VIP客户的名额恰恰空出一个。上个月有一个客户移民澳大利亚了，但是资料还没有消磁，公司让他找一个新客户来顶替这一珍贵的名额。因为阿菲是自己的"老婆"，所以，"无为"让阿菲来顶替他的客户。

2010年11月2日，阿菲填写了"香港某证券公司投资申请表"；11月5日通过西联国际汇款公司（WESTENUNION）给一个香港账户汇款3000美元；11月10日，一位自称香港某证券公司投资总监助理的人打电话给阿菲，表示阿菲的投资获益为本金的40.6倍，要求阿菲汇去5%的佣金（6090美元）；11月11日，阿菲照办。11月13日，"无为"消失。

一切都很顺利。这是"无为"参与并做成功的第一个"客户"。这个案例被组长作为经典案例让小组成员学习。

2010年11月15日，"无为"消失后的第二天，阿菲通过香港某证券公司得知，该公司在澳门没有分公司。这原来是一场骗局！

阿菲在比利时报了案，但警方的答复是，诈骗团伙不在比利时境内，建议她去中国香港报案。

其实，无论是在海外求学还是工作的中国年轻人，像阿菲这样被骗的有很多。在一个不愿意被公开的网络QQ群里，聚集着110名"受骗者"。其中，来自海外的"受害者"有26名，据群主统计，涉及金额高达1531万元人民币。群主说，由于在公安部门求助未果，他们只能抱团取暖，相互支持和鼓励，共同搜集骗子资料，希望能等到诈骗组织被端掉的那一天。

"无为"是在第三次外出为公司取"赃款"的时候逃跑的，汇款来自一位在英国的中国女孩。这笔钱有3000美金，但是"无为"没取，他已经通知阿菲早点收回去。因为阿菲是他唯一一个“做成功的客户”，钱又是自己亲手取走的，再加上知道阿菲的联系方式，于是，“无为”主动与阿菲联系，告诉她相关内幕，希望能帮助她追回自己的钱。“无为”对阿菲说：“他们肯定以为是我拿了这笔钱，被他们抓到我会死得很惨。”无为说，他会坐第二天一早的火车离开这个城市。虽然很想家，但是他不会回家。自从离开家后，他妈妈开始四处找他，后来在马路上被车撞倒了，至今还躺在床上。他已经没脸回家了。但一时之间，他也不知道下一步该做些什么。或许要找个工作，先活下来。

逃跑出来的“无为”甚至想过再回去当卧底，去解救那些同伴。但很快，他又打消了这个念头。因为他曾经把英国女孩那笔生意搞黄了，回去的话，他们是不会放过自己的。

对于行骗的目标对象，“无为”所在的公司明确规定，25岁到33岁之间，最好是有一定经济基础的女性。阿菲气愤地问：“学生也不放过？”无为回答说：“他们说，就算本人没钱，家里和朋友也会有钱。”

点评与建议

网络婚恋诈骗案件非常特殊：一是在婚恋交友网站，行骗者大多使用的是虚假的身份信息，比如电话号码是虚拟的，银行账号也是盗用他人的身份信息办理的，这些给破案带来了很大的难度。二是行骗者大多是跨地区、跨省乃至跨国作案，这就需要跨省、跨国协助破案，动用的资源多、成本大，程序也会非常复杂；尤其是跨国案件，无论中外警方，在是否确定立案调查上，一般都会很谨慎。三是婚恋交友诈骗带有很多的感情因素，被害人不仅财产受到了损害，情感上也受到了伤害，被骗后表现消极或放弃的比较多，不利于案件的侦破。

第五章
征友婚恋，大龄男女也疯狂

网络征婚交友虽说征婚信息海量，可以让一个人有机会见识更多的异性，但却不能保证相亲成功。因为恋爱成功与否，最终还要取决于男女双方的人生目标、价值取向、审美情趣、健康水平、经济条件、物质基础是否一致或接近，而并非取决你通过网络认识了多少位异性。另外，网络征婚也常常被骗子用来骗钱骗色，骗子的手法不断翻新，以至于大龄男女成为被骗“重灾区”。因此，你一定要看好自己的钱包，不论通过网络相识的人以什么样的理由找你借钱或主动提出帮你投资、替你赚钱，你都不要轻易相信出手，这样就会相对安全靠谱。只要本着自尊、自重的原则，不去那些不适合见面的地方约会，就不易被人骗色。随着婚恋交友网络管理制度、操作手段日益健全，交友者个人素质不断提升，会有越来越多的单身人士通过网络相亲成功，喜结良缘。

男高级白领踏破铁鞋觅佳偶

现在的生活节奏越来越快，人们所要承担的经济压力也越来越大，很多人为了事业、为了赚钱，直到三四十岁还没有结婚。一些男性高级白领的感情生活也和大多数人不太一样，他们的择偶标准比较“刻薄”，他们本着宁缺毋滥的原则，在择偶问题上不愿意凑合，宁可单身也不会向自己的原则“妥协”。

赵先生原先是学法律的，赶上市场经济大潮涌来时，他也下海了，搏了几年居然把生意做到国外，他也成了“绿卡族”。钱挣多了，世面见大了，他渐渐觉得自己原来的妻子文化层次不够高，有点带不出去，便与妻子协议离婚。他留了一笔费用给前妻，15岁的女儿则由他带到美国读书。

近两年，赵先生来到一个开发区投资，办起了自己的公司。40岁的赵先生想在国内找一位年轻貌美又懂英语的女青年作为他生活的伴侣和事业的助手。这个想法就变成了征婚启事中引人注目的文字。他陆陆续续地收到了二百多封应征信。赵先生希望对方能有大专以上文化，又希望她具有花容月貌并温柔体贴。经过他反复筛选，只剩下二十多封来信他可以考虑尝试联系。

在这次征婚中，与赵先生实际见面的有十几位女性，他用了一年半时间，花掉了15万人民币，可是仍未把方向搞定。大多数应征姑娘的来信中都谈到“你的肩膀是我的爱情的港湾”，却少有人提爱情是双方互相依托的。

唯独有一封来信写得情真意切，不仅表示爱意，而且愿意接受赵先生爱的小船到她的爱情港湾停泊，为此赵先生感动了好几天。在忙完商务后，他乘飞机去了江西，看望这位他所欣赏的应征人。见面后他才感觉到，这位姑娘不仅其貌不扬，而且人也显得懒散，并不是像来信中说得那样美好，于是他失望而归。

赵先生又结识了一位大学的女团委书记，虽然她长相不算很漂亮，但是出生在知识分子家庭，层次不算低。在约会中，赵先生少不了要有“买单”的义务。每次吃饭，她总是不屑于去快餐点心店，而专挑高档次饭店。一次她一下子点了900元的菜，根本吃不完。赵先生虽然腰缠万贯，但生性较为随便，她便称他为“土财主”，这使他很伤心，三思之下便忍痛割爱。

好在手里有砝码，可以凭着应征信按图索骥，赵先生又与一位正在读夜大的女孩子交上朋友，每天他都开着公司的轿车亲自接她去读书，然后再送她回家。不料，有一次他接她迟了些，她回家时把车门重重地关上了！赵先生想到，与如此不成熟的人相处将来怎么去海外共打天下呢？只好分手了。

征婚是先讲条件，再培养感情。有一位在外资企业就职的白领小姐，与赵先生交往了一段时间后，对他说：“你其他条件我都满意，就是年龄大了一点。”尽管她没有表示断绝往来，可赵先生自己觉得年龄是客观存在的，也是无法改变的，她现在有这种想法，将来也不会改变，于是他便抽身而出。

在所有来信中，有一张姑娘的照片光彩照人，赵先生认为那是够得上演员标准的。她是西南某市一位局长的女儿，她与赵先生通了长途电话，并约他去该市见面。赵先生坐飞机来到该市，姑娘却未出面，而仍是用电话与在宾馆里的他交谈。赵先生感到对方缺少诚意，也不想再见面了，又飞回了上海。

出乎人意料的是，有一封来自美国的应征信，那是一位华人女留学生，已离异，想重组家庭。女留学生从大洋彼岸回到国内，赵先生与她相见如故，因为年龄、背景差异不大，他们很谈得来，俨然成了好朋友。但谈到重组家庭时，赵先生却顾虑重重，因为双方都有孩子，怕将来难以处理复杂的家庭关系；而且，赵先生征婚的初衷是想找一位妻子兼公关小姐的角色，否则，他为何要与并无过错的前妻离婚呢？赵先生友好地谢绝了女留学生的求婚，并支付了她的来去路费，又送给了她3万元人民币资助她的生活。

多次失利后，赵先生想略为放低标准，于是他在众多应征者中挑选了一位相貌一般，但外语较好的白领小姐，他想一步到位，在饭店里宴请小姐亲属。饭后，小姐的两个姐夫把赵先生叫到房间里商谈，他们提出小姨子跟他出国可以，但为了让家人放心，请他把一部分财产过户到她的账上。赵先生嘴上答应“考虑考虑”，心里却想自己在外面做老板，回家却要被“控股”，实在不是滋味。自然这份姻缘又告吹了。

时至今日，赵先生“众里寻她千百度，那人却在”……

点评与建议

高级白领择偶难，难的不是他的能力，而是其观念与现实难以吻合，如果都按理想模式去套，能选中的概率就很少了。

女高级白领绣球不知抛给谁

女高级白领找不到心中白马王子的人不在少数，一方面是她们自己工作比较忙，因职场竞争激烈，生怕结婚生孩子影响了事业；另一方面也是“曾经沧海难为水，除却巫山不是云”的心态在起作用，这些女高级白领与现时代优秀的男子接触多了，再与普通男子交往就提不起精神，而真正优秀的男子汉是不需要来应征的，因为他们的身边早已有女孩子围着转了。

事实上，每个人都有长处和短处，不能用张三的短处和李四的长处比，再把李四的短处和王五的长处比。

刘小姐是一家台商公司的业务主管人员，她从商学院毕业后先后跳槽七次，才来到这家公司，现在月薪近8000元。她的收入比在机关、工厂工作的父母两人工资加起来还多，但是令父母最担心的就是她的终身大事尚未解决。

刘小姐的母亲曾经托过许多熟人、亲友为她寻男朋友，结果都不合她的意。她进了私人老板的公司后，就不大愿意与吃国家饭的人交往，穿制服的不谈，机关工作的不要，她认为这些人太一本正经。

母亲交往圈子有限，眼看女儿34岁了，就想出一个办法，以“某小姐”为名替她登了一则觅友广告，她要求也简单：“愿与海内外事业有成的男士结为生活伴侣。”

白领小姐征婚不如白领男士的号召力大，刘小姐一共才收到三十几封应征信，而她自己愿意让母亲复信的只有九封。

工于心计的刘小姐把商场上的精明运用到约会上来了。她让自己的弟弟做她的“代理人”，每次约定地点，她会让弟弟把男方带到她身边。

第一次在一家咖啡馆里，与她见面的是37岁的刘先生，刘先生是一位广告美术设计师，一人兼几家公司的活，年收入几十万，人也打扮得挺帅气，唯一的遗憾就是他曾经结过婚，他妻子去日本后与别人同居了，留守男士只好斩断前缘，另觅知音。刘小姐思想斗争了好几天，总有点心理不平衡，自己以清纯之身嫁一个结过婚的男人，将来他把自己与前妻相比怎么办？一种酸溜溜的“吃亏”感挥之不去，她也就懒得再与刘先生来往了。

另一次来了一位台湾商人，他出手大方，花钱功夫地道，颇得刘小姐好感。在一个大酒店里，他俩品味着美酒佳肴。刘小姐希望能听到他的求婚言辞，可是这个老板七弯八绕才让她明白，原来他在台湾已经有了妻室，出于在外寂寞，想请她当“二奶”。刘小姐想想，假如答应了他就能过上舒适的生活，但是这个“小妾”的名声实在太“那个”了，她将来怎么面对父母亲友呢？她不敢再想下去了！

还有一次，刘小姐见的这位先生开着一家地产广告公司，房子、车子、票子等物质条件自然是不用说了。开始的时候，这位先生的应征资料里说自己42岁，可见了面他才说出自己的真实年龄——47岁，还美其名曰不想欺骗刘小姐这样漂亮的女士，这让刘小姐真的难以接受！想想比自己的年龄大一轮还有余，几乎就是两代人了，这怎么能生活在一起呢？

另外还有几位，大致上刘小姐是嫌他们或素养不高，或体貌不佳，或腰包不鼓……到了现在，她理想的对象究竟是什么样的人，连她自己也讲不清楚了，她只是觉得要“凭感觉和缘分”。凭良心讲，有几个应征者，刘小姐开始对他们的感觉还是蛮好的，可是她总觉得还有不够称心的地方，这就好比买东西，拣花了眼，不知道哪个好了。

刘小姐曾经把那几位应征者的各方面条件打进电脑数据库，反复进行比较，结果是长叹了一口气，恨老天爷为什么不长眼，不把优点都集中到一个人身上！

点评与建议

白领小姐在事业上出类拔萃，她们有高学历、高收入，在个人问题上却处于徘徊不前的尴尬处境中。刘小姐是位个性很强的人，她不甘于当男士征婚的候选人，而是勇敢地来对男性作出选择，只是在需要她自己对追求完美无缺的心态作调整时，她却显得软弱无力，优柔寡断，真是自有一本难念的经！

高不成低不就的征婚体验

大龄男女之所以单身，很多时候不是因为条件不够而单身，也不是因为身边没有异性，单身的原因更多是因为高不成低不就，不愿那么随意地结婚。为了心中的梦想，有多少人仍然奋战在单身战线上！然而，高不成，低不就，卡在中间真难受！

吴刚转眼离婚已三年多了，2011年春节后上班伊始，同事们再次鼓动他去作一个征婚广告，可他还是犹豫了半天。这三年多来，没少有人给他牵过线，他也没少去见过面，可是到头来这些都是白忙。不管怎么说，既然大伙都鼓动，那就再去碰碰运气吧，也许能有些意外收获？吴刚这样想。

吴刚的征婚广告刚发出一个礼拜，这家报纸上就出现了由他“亲自炮制”的如下一段文字：“男43岁，1.70米，潇洒貌，南方人，中央某报刊社编辑记者，有作品出版，月收入丰，有住房，离异子随母；欲寻32岁左右，1.60米上下，有工作，未婚或未育、京城温柔之女性为妻。”

还在下班的路上，吴刚腰里的手机就响个不停。仔细一看手机，都是陌生的来电。反馈真快呀！吴刚暗自惊叹。

这天见面的是一位女老板。但这位女老板的年龄和自己的要求大相径庭。吴刚有些不解地说：“我不是说了吗——‘32岁左右、未婚或未育的女性’，难道你没看我的征婚广告吗？”

女老板客客气气地给他解释：“您别着急。我说过：我相信缘分。不错，我是比你要求的大十多岁；也不错，我是有一个十七八岁的女孩子，可是我看着像那么老吗？我长得不漂亮，没有气质吗？况且人不都是要老的吗？”

女老板的表达能力实在很强，让吴刚自叹不如！

她接着说：“我的女孩也挺漂亮，挺听话，过不了几年，她就长大了。参加工作了，不要我管了。再说，我现在有小汽车，有私人别墅，还有一笔较大额存款。离婚这么多年，孤身这么多年，现在我真想有一个家了！我不需要别的，就想有一个体贴我的男人，想有一个能让我有‘家’的感觉的男人。我不需要他做更多的事情，也不需要他操更多的心。我想我会给他幸福的……”

吴刚插话说：“我还是想，我们不合适。也许正是你的小汽车、别墅、存款……一句话——正是你的成功，面对你这样一个女强人，才使我不敢、也不愿意高攀。也许这是我的一大弱点吧！如果愿意的话，能谈谈你的过去吗？”不知是否出于职业本能，吴刚竟然向她提出了这个问题。

“可以。”她想了想，然后对吴刚娓娓道来。“你知道我们这一代是倒霉的一代。1968年初中没毕业，我就随轰轰烈烈的知青下乡运动，到边疆建设兵团去了。在兵团里，我与一个对我特别关照、高我两届的大知青好上了。后来我们一同回到北京后就结婚了。1980年我们生下这个女孩。后来他在街道上摆小摊做服装生意，我考上夜大。他的生意越做越大，几年就赚了上百万元。于是他又把业务范围扩大，成立一个贸易公司，招聘一拨人，他当上了总经理。我晚上上课学习，白天就帮他料理生意。在某种程度上来说，那段时间，我比他更累、更辛苦。可是，结果我却被抛弃，他另寻上了新欢！念完书，我把孩子要了过来。后来我也辞职下了海，倒服装、办餐馆、搞公关，我都干过。没有别的，我就能吃苦！什么苦都能吃，什么苦都吃过！由于业务需要，我雇了几个男工。在长年的交往中，不知不觉我与一个小男孩好上了。我们俩经常开着小车出去玩，我喜欢坐他开的车，喜欢跟他出去玩，尽管我知道这是不好的，尽管我知道他开的是我的车。就这样，我们不明不白地生活了很长一段时间，后来我反复考虑到，我们俩人是不可能有什么结果的。既然没有结果，那么这样拖下去，对我不好，对他也不利，于是最后我给了他一笔钱，要他远走高飞了……”

吴刚看得出来，这位女士至今还深深地沉浸在她“幸福”的回忆里。他不好去打断她，但他实在没有更多的兴趣去欣赏她的那些飘零如碎片的回忆了……

第二个见面女孩比吴刚整整小了19岁！还真有点意思。见了面吴刚就戗了她几句：“你今年才20多一点点，干吗要找个老头呢？你也太浪漫了点吧！我可不能跟你开玩笑！”

女孩说：“你听我说，首先，你不是老头，见了面我更相信你不是老头；其次，我不是浪漫，我也不会浪漫，我是一个很实际的人；还有，我更不是跟你开玩笑，我绝没有跟你开玩笑的意思，我也不是一个会开玩笑的人。”

不愧是大学生，出口就头头是道。吴刚暗暗赞叹。

女孩接着说，“我从小就喜欢跟比我大的男孩子玩，上学后同样喜欢跟大男同学在一起，现在还这样。我觉得和他们在一起，有一种安全感，有一种可靠感；和他们在一起，还可以从他们那儿学到不少知识，增长见识，得到帮助，还可以得到保护和宠爱。而我，特别需要帮助、需要保护。也需要依赖和宠爱！这也许与我的身世经历有关系吧。我从小就失去了父爱。我只有几岁的时候父亲就去世了，为了我们几个孩子，母亲一直没有再嫁。娘带着我们姊妹，日子的艰难可想而知。后来我考上大学，毕业后分配留在北京。如今我才知道，虽然我人在北京，户口也在北京，说起来也算是个北京人，可是不知怎么回事，好像总是与这个大北京格格不入。不知到底是这个大北京不容易接纳我，还是我本人太孤僻。反正总是有一股冷落感孤独感时时在侵扰着我，我好像总在寻找一种知音、一种交流、一种依靠、一种亲情、一种向往、一种寄托……见了你的征婚广告，我忽然觉得我找到了这种交流的渠道，也似乎找到了可依靠的亲人。”

吴刚想再进一步探寻一下她们这一辈女孩子找对象以及成家的内心深处，于是他问道：“除了你刚才所说的原因之外，还有没有其他的想法呢？”

女孩想了想，问道：“你看过琼瑶的《月朦胧，鸟朦胧》吗？《月朦胧，鸟朦胧》中有一位女主角叫灵珊，是一个只有20多岁的大姑娘，美丽、纯真、可爱，可是她爱上的大鹏是一个结过婚、而且还有一个可以作灵珊弟弟的小男孩。她就说：我看婚姻就像赌博，事先谁也不知道胜负，谁也不能预先肯定婚姻就一定永远幸福；问题是看如何尽可能地多操胜券，多一点胜利的把握。你说灵珊说得有道理吗？我可是觉得她说得太有道理了！”她似乎忽然想起了什么似的赶紧问吴刚：“那你说你不想跟我开玩笑，你为什么认为是开玩笑呢？”

吴刚说：“你今年24，我今年43；再过五年、十年，你还只有30来岁或30岁多一点，而我却快50岁甚至50多岁了！你明白我的意思吗？我是说我怕你们这些年轻人日后变卦啊！”

“为什么说到年轻人就认为一定要变呢？”

“不为什么，就因为你们年轻。你现在说的都是真的，这我一点都不怀疑；不过，你们将来一定会变，这我也一点都不怀疑。人的变化是谁也料定不了的。何况你太年轻！你的可塑性太大。也就是说，‘未来’对于你的各种诱惑太多、太大，各种机遇机会也会太多、太大。事实上，你今后一定会碰上或找到许多比我强许多的人。”

第三个见面的女士35岁，未婚，大学本科学历，国家某部委会计师，身高一米六四，无论从身材还是从长相上看都似乎无可挑剔，据说原来还是文工团舞蹈演员。还未见面之前，吴刚就想：这样的美事，自己似乎是不大可能有那个福分的！结果当然如他所料。但并不妨碍他们两人的交流谈话十分开心舒畅。从她谈话的内容和她谈话时表现出的性格看，吴刚相信，她在处理个人问题上，是一个很挑剔的、十分稳重的人。不过，从现实生活来看，男人到了30多岁甚至四五十岁，要找一个未婚女孩、一个很不错的女孩子，这并不是梦想；但是一个30多岁甚至还不到30岁的女性，要找到一个很不错的未婚男人，是很困难的，这就是现实，也许很不公平、很残酷，但是有什么办法呢？对吴刚的结论，她表示“深有同感”。

“那你为什么明知故犯呢？”吴刚问她。

女士说：“不是明知故犯，而是醒悟太迟。小时候我长得很漂亮，大家都宠着我，我也很听话，一直到中学，我的学习成绩一直是班上和学校的尖子。记得高中时就有男孩追我，可我就是谁也不睬。上大学又有男生追我，我总想先学习搞好再说，不想过早谈恋爱，过早被小家庭束缚，于是还是天马行空独往独来。大学毕业了分到了一个好单位好工作，我又想一定要在工作上干出点成绩来，在事业上有点基础，然后再考虑爱情。等我稍有点基础，事业稍有点眉目，再去考虑恋爱，这时我才感到一方面自己的眼光更高了。一般人我看不上，非要对方是一个才子佳男不可；而另一方面男人们却有许多嫌我的年龄大了，他们对于女方的学历才干似乎不太在意，甚至还不希望太高，而特别喜欢年轻美貌温柔的女孩，像我这样的30多岁的女性，对于他们已没有什么吸引力了。”

对于这样的女性，吴刚还能说什么呢？她是一个可爱的女性，也是一个可怜的女性！

又一次征婚体验开始了！吴刚首先和对方在电话里通话，对她吴刚是不抱太大希望的。她是一家文学刊物的诗歌编辑，同时也是圈子里小有名气的女诗人。这个女才人33岁了还是个单身贵族。由于都是搞文字的“半个同行”，又都是处在“改革开放前沿”的文化圈里面，吴刚和她在电话里就聊得很“随便”了。他们探讨了人的欲望、人的需求、人的本能、人的自然属性，以及人的社会属性，等等。由远及近、由表到里、由浅入深，由他人到自己、由大众到个人，海侃神吹地聊了半天。

见了面后吴刚发现，她不高不矮、不胖不瘦的身材，尤其是那双眼睛特别会说话，双眼皮的大眼睛里总是秋波荡漾，让人心驰神往。

有了在电话里无所不谈的氛围，见后会吴刚同样直言不讳：“关于性爱男人跟你们女人是不一样的：女人是必先有‘爱’然后才可以有‘性’，而我们男人则恰好相反，是先有‘性’而后再可能有‘爱’的。一般来说如果这个女人不能使男人产生性欲，那很难有下一步的‘爱’的。这一点我想你可能也明白。”

她同样积极应对：“当然明白。你忘了我是干什么的吗？不过，有时候也不尽然，也有不全是千篇一律的时候。比方说我，我就是一个‘灵’与‘肉’的统一者，我要求有‘爱’就有‘性’。‘性’与‘爱’统一，我不是那种柏拉图式的精神爱恋主义者。”

“那你为什么至今还没有结婚呢？是不是……”吴刚想“刺探”一下她这次应征的目的。

“谈过，但没有成。我不是不想结婚，只是因为一直没有找到合适的人选。虽然有了那种关系，但通过进一步了解，觉得还是只作为挚友的好。”

她的话叫吴刚怎么回答呢？吴刚想，这不正是许多人常用来“保护”自己在婚前随意取舍、朝拾夕弃的挡箭牌吗？她那个所谓的“挚友”，不就是大众通常所指的“情人”吗？为了证实自己的这一判断，吴刚又问她：“那你至今一共‘谈’了多少个呢？”

她坦率得惊人：“不多，也就是十来个吧。真正产生了感情的也就两三个。”

“‘感情’到什么程度？有感情了为什么没成功呢？”吴刚追问。

“这还用问吗？……都是各种原因吧！”她似乎不想让吴刚切入“主题”，吴刚也不便再“追究”了。

不知不觉，吴刚和她谈到了很晚。他们来到了吴刚的那间书房兼卧室。橘黄色的灯光，斜洒在她身上。她边说话边把那秋水似的眼神不时地窃送给吴刚，谈到深处更是脉脉含情……可是，吴刚终究还是不敢爱她的。

吴刚的征婚广告刊登至今已是快两个月了。近两个月来，共收到108个应征者的电话或书信。其中电话有106个，书信只有2封。这108“女将”中，从年龄上来看，绝大部分是吴刚要求的32岁上下，其中尤以35岁左右者居多，几乎占75%以上。但也有大到40多岁，小的只有20来岁的，以及在校大学生。

从婚姻状况来看，这108“女将”中未婚的占绝大多数，约有60多人。吴刚曾经问她们为什么至今未婚，大多人回答是“原来不太在意”，等到“眨眼”醒悟过来时就已“耽误”了，如今再“挑”就更难了！离异未育的有30多人，占第二位。从职业结构来看，108人中主要是机关职业女性，其次是经商的。当老板者也不少，科研人员、教育和医务工作者也占较大比例，有国家干部也有个体小商，有白领丽人也有打工妹、有少校也有单位的“副处”……从文化层次上看，108位中有4位博士后、14位硕士生、本科生48位、大专生26位、中专高中生30多位，也有不少初中以及初中以下者。

吴刚感觉，文化层次越高的女性，就越容易“自我感觉良好”，越容易以自我为中心来画圆圈，这样就越不容易以“平常心”来与人打交道！相反，文化层次低一些的女性，相对而言她们的“啰嗦事”要少些，遇事爽快，好商量些，也容易接受对方的意见。但可惜她们中有一些人，尤其是中学文化以下的女性，却显得过于简单，太无主见。理想的人选当然是那种既有较高文化、又有很好的涵养。但这样的女性好找吗？忙了两个来月的征婚，最后一个也没谈上。

爱归何处？情归何处？吴刚到底是茫然了！

点评与建议

吴刚不仅审美出了问题，价值观也出了问题！事实上，降低标准，也许会生活得更好。

剩男剩女常常以为自己要的很简单，慢慢发现其实要的真的不简单！现实中人都是俗人，脱离现实的“高处”常常“不胜”其“寒”！诚然，在婚姻问题上，要爱情也要物质，面包和爱情都想要一点，但在寻寻觅觅之中越来越失望，越来越不现实，还想爱，更想被爱，这种“高不成低不就”的心态，难道不累吗？

儒商想找凤凰，孰料征来乌鸦

悬殊的年龄差距原本就是婚恋中一道难以跨越的鸿沟。如果青春貌美、聪明机灵的女子情愿通过征婚选择一位“阿爹”级老年男子做婚恋“拍档”，其间很可能缺乏那种寻常情侣间的“患难真情”。

D先生一头乌发，身板硬朗，一副儒雅的文人派头，他下海经商十多年了，是个资产颇丰的私营业主。十几年前，D先生家庭破裂，在事业有成之后，他开始有了对家的渴望。他曾痴心期待婚介所能为他找到合适的对象，情急之间，几乎加入百分之八十的婚介所，手中攥着一大把会员牌。作为入会费，他高的交过两万，低的也都上百，花掉的钱已不计其数，精力也消耗了不少，但通通毫无结果。由此，他称自己“看透了某些婚介机构的骗术”，决定“不再请人代理自己的婚姻大事”。于是，他在某报刊登了这样一则征婚广告：“男，56岁，1.70米，离异，有住房，现有三个私营高科技公司，两个工厂。大本，爱好绘画、书法，体健开朗、幽默豁达。觅：35岁内未婚女性，要求美丽、能干、真诚，能管理企业，学会计、翻译、企管为好，户口不限，职业不限。电话：××××××××××××。”

D先生的征婚启事一见报，马上就有电话打来。整整三天三夜，他没法吃饭，没法睡觉，马不停蹄地接了二百多个电话，其中有八九十个电话作了一段交谈，有十几个保持了一段联系。他彻底领教了“电话轰炸”的滋味，以至于后来一听电话铃响，他脑袋就要开裂。

来应征的真是什么人都有，甚至有的刚从大学毕业。她们多把他看成一棵挂满金币的大树，话里话外关注的都是同一个内容。D先生没想到自己竟成了一只会下金蛋的“公鸡”！心中十分苦涩。

D先生曾和一位28岁的某乐团乐手约会。酒吧里的灯光与柔和的音乐几乎把他全身都浸染了。眼前的姑娘气质优雅，形象姣好，散发出一股挡不住的魅力。他小心翼翼地维持这种特殊的气氛，暗自希望能有再见面的机会。就要分手了，她突然问：“一次您给多少钱？”他顿时像吞进一只绿苍蝇，从此再也不敢想这件事。

有一个山西女子，常给D先生打电话，好像很关心他，还主动寄来照片，看上去楚楚动人。有一天，她要求从山西过来看他，他觉得正中下怀，赶忙热情迎候。女子是带着姐姐一起来的。姐儿俩在D先生家住了两天，形影相随，片刻都不分离。她们并不刻意提到某些敏感话题，好些话他也找不到机会单独诉说。D先生想，人家大概要对他“实地考察”，一点也不敢怠慢，临走时还买这送那的，给了不少东西。过了些日子，山西女子又说要来看他，D先生禁不住又满心欢喜地等着。然而这一回她带来了老妈，说她妈也想找一个对象。他一下子醒悟过来：完全被“涮”了。最后他只得出钱送“神”，前前后后可是破费了不少。

D先生交往最深的是一位名牌大学毕业的女博士，27岁。他们先通过几次电话，D先生感到她才思敏捷，谈吐不俗，多才多艺，各方面都很优秀。同时她还在外企工作，月薪上万，会几门外语，有驾照，自己还买了套公寓，父母都是高级翻译。但她并不急于见面。当她终于答应见面的时候，他惊呆了——她本该拥有一张动人的脸庞，但突如其来的车祸把一切都毁了。尤其是她那口牙，它们全都变成了锥形，像鲨鱼牙似的。她说车祸那天她开着朋友的车，为了尽量减少对别人的伤害，她才把自己伤成了这个样子。她对事故的叙述细致、真切、动情，他被深深地打动了，并由此断定，她这人心眼儿挺好。

D先生和“鲨鱼牙”女博士的约会在继续，每次都很愉快。但那一次，她提了个问题：“你认为我的博士学位有没有价值，值多少钱？”“当然有价值，而且是无价之宝。”D先生不明白她的用意。“那你准备了多少钱？”这句话使女博士身上的那种高贵气质刹那间荡然无存。接下来他们再也谈不下去了，结果又是不欢而散。

直到现在，D先生仍然孤身一人。征婚给他的最深感受是：“她们只看中我的钱财，只想坐享其成，根本没人想过与我白头到老。我本想找只凤凰，没料想征来的尽是黑乌鸦。”

点评与建议

客观地看，许多人都早已对嫌贫爱富、贪慕钱财的择偶标准直言不讳。D先生肯定也有同感，否则，就不必将自家老底全盘抖出。同时，在对应征者的要求中，D先生并未表达内心深处渴望对方能够生育子女、陪他白头偕老的爱情理想，反而相当浅白地给予应征者“老牛好吃嫩草”的误解，而受这种误解引导的应征者，显然不可能把感情因素放在首位。征婚人绝不可一厢情愿。只有征者与应征者都能多为对方着想，双方才可能早日找到那片属于彼此的幸福港湾。

外企高管转换择偶标准陷入热恋

“有房有车，硕士学历，高收入，年龄还不能大自己太多。”这是外企高管白桦的择偶条件。

相对而言，白桦自己的“硬件”也不错：著名高校硕士毕业，在世界五百强的外企工作，经多年打拼她已跻身公司“高管”行列，工资以欧元标准结算、目前有房有车零负担，外形也很“养眼”。对这些白桦也很自豪，但她百思不得其解的是，“找个心仪的另一半，为何就这么难？”

大学期间，白桦有过一段美好的情感旅程，但随着毕业无疾而终。工作后，白桦和闺密阿敏一道参加过很多场相亲会，她本人也被亲朋介绍过N个对象。阿敏早已为人妇，且有了可爱的小宝宝，而白桦仍是孑然一身。在很多人眼里，阿敏的诸多条件与白桦相差甚远，阿敏只是大专，姿色也平平，婚前连稳定工作也没有。但正是这样的“普相女”，在婚恋经历上远比“优质女”白桦顺当很多。

近日，白桦找阿敏诉苦，阿敏对她分析道，“就你开的那些条件，能有几个男人敢接招？”与白桦相过亲的男士中，能让她看上者寥寥无几，能与她进一步发展的更是少之又少，就这样，她成了35岁的剩女。

后来，白桦找到一家“婚恋学院”咨询，在专业人士引导下，白桦逐渐调整择偶标准，将很多硬性标准作了柔性处理，比如，更看中对方的人品、个性、发展潜质等。

前不久，经人介绍，白桦认识了一名高校讲师，对方是外地人，没房没车，目前月薪也不丰厚，但他与白桦相处融洽，现在两人正在热恋中。

点评与建议

自身很优秀的女性，期盼找个比自己更优秀至少不比自己差的异性做伴侣，这本无可厚非，但“甲女丁男”规律是不容回避的现实。所谓“甲女丁男”，就是将男性和女性按照社会地位、经济收入、学历等分为甲、乙、丙、丁四个档次，未婚的大龄女青年属于“甲女”的居多，而未婚大龄男青年则大多是“丁男”。“甲女”们应该注意的是，婚恋的核心不应只是所谓的“硬件”，而应是人生观、价值观的趋同，以及相互理解、包容等。

名校女硕士仍在寻找下一段真爱

一个人如果心高气傲，即使条件优越，也会在婚姻道路上遭受失败。一个女人心高气傲，她就会谁也看不上，不是嫌这个穷，就是嫌那个没品位，要不就是嫌另一个太不浪漫……因此，别人都轰轰烈烈地谈恋爱，她却在幻想中度过青春的时光。

今年32岁的郑媛可谓情路曲折，她目前是一所艺术院校的教师。

早在2006年，郑媛从某名牌大学硕士毕业前，有一个相恋三年的男友。男友是同校博士，北方人，当时，两人在郑媛工作去向问题上产生了严重分歧：尚未毕业的男友希望她留京，但郑媛觉得北京生活压力太大，要回武汉。其后，郑媛仍坚持己见到武汉工作，她和男友因此自然分手了。在朋友面前，郑媛装着不在乎，但内心充满失落感，她打定主意：要找一个对自己百依百顺的人。

2008年元旦，郑媛在一次高中同学聚会上认识了春涛，他在武汉一所中学教书，高高的个头，长相帅气，举止文雅得体。两人一见钟情，春涛对郑媛很体贴，且学历和工作等条件都让郑媛很满意。数月后，郑媛搬入春涛在武汉的新居，很快开始谈婚论嫁。

一天，春涛突然告诉郑媛，他母亲和弟弟要来武汉住。郑媛曾听说过春涛的家庭：父亲早逝，母亲将他和弟弟拉扯成人，为供他上大学，弟弟初中毕业就出门打工了。春涛曾对郑媛说：“这一辈子，我最不能辜负的人就是妈妈和弟弟。”

春涛的母亲到武汉后，和郑媛之间生了很多波澜：“准婆婆”常抱怨郑媛不爱做家务，担心春涛以后要受苦；郑媛则不习惯婆婆的生活方式。一次，郑媛和春涛在饭桌上因一个话题发生小争执，春涛妈妈突然插话，责备郑媛不该这样对春涛，两人因此发生激烈争吵，郑媛负气跑出家门。之后，郑媛跟春涛“谈判”：“婚前尚且如此，婚后我怎么与你妈妈相处，除非让你妈妈回去。”郑媛认为春涛会对她“投降”。没想到，春涛做出痛苦的选择：与郑媛分手。

现在，仍未走出感情阴影的郑媛，在家人的催促下又开始频繁相亲。每次，郑媛都会将相亲对象与曾经的博士男友或者春涛认真对比，却越比越茫然。她不知道下一段真爱，究竟何时才能出现。

点评与建议

在婚恋中，两个人应处在平等的地位。郑媛的两次分手，虽都有客观原因存在，但从郑媛本人来分析，一些自身条件优越的女子难免心高气傲，渴望在婚恋中成为主导者甚至操纵者，结果往往适得其反；而多次分手的经历，既给自己带来伤害，也会为下一段感情埋下隐患。

女医生执着等待“白马王子”

很多有成就的女性爱情运却并不是那么一帆风顺，多年的恨嫁一直未果，反而拖到了尴尬的境地，爱情仿佛离她们已经渐行渐远了。下面就让我们来看看高学历的如萍缘何苦觅不到真爱，在她的背后究竟有哪些不为人知的幕后隐情。

“你不要找，你要等。”这是一家大型医院的女医生如萍的择偶观。她至今记得读过一段小故事：1991年5月的一天，女作家铁凝冒雨去看望90岁的老作家冰心。冰心老人问铁凝说，你有男朋友了吗？铁凝答：还没有呢。老人看着铁凝说了一句话：“你不要找，你要等。”

这个故事引起如萍深深的共鸣。

2006年，如萍从上海大学毕业后，应聘到武汉一家公立医院。父母开始催她考虑个人问题。但如萍总不急不慢地说：“还早，等等吧！”这一等，五年时光眨眼过去，其间，她谈过两场恋爱，时间最长的竟没超过半年。有朋友说她眼光太高，她总是淡然一笑应对。“如果真拿经济、家庭背景这些条件去衡量那些相亲对象，我早就把自己嫁掉了。”如萍对记者吐露心声。

她曾接触过的男青年条件不错的很多：有“官二代”，有博士，有事业单位的高级工程师，也有高校老师。但如萍的一句话便将这些人全否决：“没感觉，真的！”

27岁时，她终于碰上一个“挺顺眼”的对象。但对方一见面，就提出要见父母、谈婚礼，他对结婚的“狂热”把如萍吓退了。

前不久，在朋友介绍下，如萍又认识了在某垄断行业的周科长。周科长外表、条件都不错，人也颇温文尔雅，在对方强烈攻势下，如萍同意和他交往。但随着交往深入，如萍发现，周科长在对待工作、生活的态度上，与自己有很多不可跨越的“鸿沟”。最终，她提出分手。

眼看身边姐妹一个个找到归宿，31岁的如萍也有一些发慌；但她又怕随便将自己嫁掉，到时面临更多痛苦。这种矛盾的心情，让如萍选择继续等待，等待属于自己的“白马王子”出现。

点评与建议

高学历的女子，因为经历和教育环境的关系，可能比一般女性更要求完美，在感情上也不例外。有人执着地要追求一份刻骨铭心的真爱，有人想找一个能心意相通的人生伴侣。其实这都是人之常情。但这种情况下，就应多拓展社交渠道，多融入各种圈子，并给中意对象多些时间进行磨合，这样方能增加找到真爱的几率。

高校女教师“爱能力”差遭遇情伤

D·H·劳伦斯《爱》中说：“爱是一种旅行，爱是一种凝聚的力量。我们旅行是为了到达目的地，而不是为了旅行而旅行，后者至少是徒劳的。我们是为到达目的地而旅行的。”能爱、会爱，是女人俘虏男人的一种能力。不过，这种能力可是只能意会，难以言传，稍微用得不当，可能就全盘散架！

于俊硕士毕业后，在某高校教书，她模样清秀，父母是公务员，家境优越，在外人眼里，应该是相亲队伍的“抢手货”，但前不久，她找到“婚恋学院”咨询时自嘲道，“没想到我竟沦落到这个地步”。

于俊介绍，她今年29岁，女大未嫁，父母有些着急，开始在自己圈子为她物色对象，还真找到一个很不错的小伙。对方叫王晖，也是硕士学历，现在上海某机关上班，两人交换了QQ后在网上视频聊天。接触了一个月后，两人互生爱慕，并对彼此的相貌、谈吐、工作及家庭背景感到满意。

这时，王晖发出爱的信号，邀于俊到上海看世博，所有费用他来出。未料，于俊对此做出消极解读，她质问道：“凭什么让我到上海，你不能来武汉？你这不是大男子主义想使唤我吗？”王晖有些不悦，但为了表达诚意，他同意到武汉来见面，并特意为此请了三天假。

于俊很高兴，将此告知父母，并特意在家梳妆打扮。未想此事再生波折，王晖出发头一天，接到苏州一哥们儿的电话，诚邀他去做伴郎。王晖不好推辞，应诺后立马向于俊“请假”，并解释了缘故。于俊的第一反应是恼怒，“你凭什么欺骗我，把朋友看得比女友重”。

此后一个月，于俊再没有接到王晖的电话和短信，她感到很羞怒，但又不忍心放手，遂发了一个试探性的短信给王晖，“从今天起，我们不要再联系了吧”，并赌气地把对方的号码全删除。但她没考虑到，对方也是要面子的，不会苦苦哀求她。就这样，于俊把知根知底、门当户对的中意交往对象从身边彻底推开，自己也仍在剩女行列中徘徊。

点评与建议

提及“爱能力”，很多人会觉得好笑，爱还有能力高下之分吗，还需要学习吗。当然，爱是一种本能，譬如窈窕淑女君子好逑，无需教授就会。但如何寻找爱，表达爱，拒绝爱，将爱保鲜以及怎样化解爱的危机等，并非无师自通，均有学问可言。此案中，假设于俊当时说，“你开心去做伴郎吧，等完了，有时间来武汉看我，没时间也不要紧，以后再找机会见面”。王晖肯定会觉得准女友善解人意，也就留住了一段美好的感情。

掉进网络骗子设下的“花篮陷阱”

网络交友征婚是一种现代生活方式，本无可厚非，但网络也给一些骗子从事骗财、骗色的违法犯罪活动提供了很大空间。“送花篮”骗局就是其中之一。设计花篮骗局者借“网络交友”之名，在各大征婚交友网站登记虚假信息，骗取对方信任后，再以新店开业需要对方赠送花篮、牌匾为由骗取钱财。现实生活中，有的征婚者就曾遭遇过这样的“送花篮”骗局。

芳草一觉醒来已是早上九点多了。她下床穿鞋，走到窗台前猛地一下拉开了窗帘，一对情侣正好经过窗前。看着人家恩爱有加的样子，芳草重重地叹了一口气。自从芳草与丈夫协议离婚后，芳草才感觉到丈夫以前是多么地体贴和照顾自己。每天早上是他附在耳边轻唤她起床，是他为她煎好七分熟的鸡蛋，是他在天冷时提醒她该加点衣服了……

芳草何尝没有动过复婚的念头，可这样覆水难收的话怎么说得出口呢？丈夫明明是被自己气跑的，今天的苦果都是自己酿成的，怪谁呢？要怪就怪自己不该参加那个同学聚会。以前倒没有觉得自己的丈夫有什么不好，既不抽烟也不喝酒，每天准时下班，每月工资按时上交，日子过得平淡无奇。可就是那次同学聚会让她改变了对丈夫的看法。原本她想找个理由不去的，因为上中专时她是班长，大家都说，你是班长，如果你不参加，这个聚会就没有什么意义啦！她穿上平时舍不得穿的新衣服，戴上家里最好的首饰赶到约定地点。将近二十年过去了，其他同学都没有什么大的变化，还是那么朴素真诚。要说变化最大的就是那个当年成绩远不如她、整天被老师批评的吴美丽，现在嫁给比她大20岁的阔佬，浑身上下穿得珠光宝气，光一件貂皮大衣就值好几万元，更不要说她手上拎的LV名牌手袋，手上戴着好几只又大又亮的钻戒，一副有钱人的样子引得其他女同学都围着她转，就连以前在寝室里和芳草最说得来的女同学也没有和她多说几句话就凑到吴美丽的身边去了，弄得芳草一个人在那里傻坐了半天。想想上学时，哪个同学不对芳草低眉顺目的，可现在的情形让芳草感到巨大的失落感。聚会还没结束，她就气呼呼地赶回了家。

自那以后，心理有点失衡的芳草开始有点瞧不起自己的丈夫了。你瞧瞧人家吴美丽，嫁了一个有钱的老公，整天披金戴银的，吃香的喝辣的，再看看你每个月就那么一点钱，我想买一件好一点衣服都要算计半天。会体贴人，会照顾人，管个屁用？她就这样经常有意无意地对着丈夫发火，脾气温顺的丈夫也不吭气，由着她性子来，只是脸上掠过一丝不易觉察的愠怒。

直到有一天，丈夫拿出一份协议离婚书重重地拍在桌子上，这让芳草大吃一惊，一直对她百依百顺的丈夫什么时候变得如此强悍起来了？转念一想事已至此，如此寡淡，清贫的生活还是早结束早好，省得大家都过得不开心，二话没说便在协议离婚书上签了字。

此后，虽然也有热心的同事为芳草张罗介绍过几个男人，人家是看得上芳草的，觉得她人长得眉清目秀，一副端庄娴雅的样子，可芳草却和别人对不上眼，不是嫌别人的长相难看，就是嫌人家的经济条件不好。人家约她出去，她总是找各种理由搪塞，时间长了人家也看出了苗头，颇为识趣地不再找她。同事看她眼界太高，没有人再愿意帮她介绍。

时间就这样嘀嗒嘀嗒地流逝了，一晃已经五年过去了，芳草还是没有等来心目中的“白马王子”。前夫也重新组建了家庭。芳草心里也有点急了，她几乎天天都在盼望着，这种盼望虽说有点焦灼，有点心慌意乱，也仍显得十分沉静和自信。她总是想，梦中的他总会来的。于是在梦里她经常看到，自己披着粉红色的婚纱，噙着幸福的泪水从一辆豪华加长轿车上款款地走下来，在一个成熟稳重的男人的陪伴下，走向庄严肃穆的还带着尖顶子的教堂……

有一天，她在上网时突然网页上弹出一个广告栏，广告做得很是精致，在《走向红毯那一天》的背景音乐中，两颗卡通形状的鲜红的心有力地跳动着，并慢慢靠近，最终重叠在一起，形成一颗心。里面一句广告语撩拨着她的心弦并深深打动着她：有缘千里来相会，无缘对面不相逢。是呀，之所以这么长时间没有找到心仪的另一半，并不是自己要求太高，只因姻缘还未到。婚姻是要讲究缘分的，即使勉强地凑合在一起，那段婚姻也是不长久的，不圆满的，经过一次失败的婚姻的她，对"缘分"两字的分量是最有体会的。

芳草想既然自己交友圈太过窄小，何不通过这个婚介网站结识更多优秀的男士？说不定自己的姻缘就隐藏在茫茫的网海里，只待自己去寻觅那把开启幸福的金钥匙。

芳草用鼠标点击广告栏进入到这个网站，网站要求欲浏览其他会员情况必须要注册个人真实资料，芳草想也没想就按照要求填妥了资料。在选择交友对象时，芳草是慎之又慎的，人既不能太年轻，太年轻了事业还不稳定，又不能年纪太大，否则将来交流起来会有代沟，是否结过婚，是否有小孩，这些条件都无关紧要了。

在精心设置好交友条件后，一按搜索按钮，一位名叫"真诚等待"的男士跳入芳草的视野，论条件，对方有房有车，看年龄，只比自己大8岁，看照片，对方相貌诚实宽厚，这些条件与自己理想中的另一半极为符合，芳草立即在QQ里加入了他的号码，等待对方的批准。

没过十几分钟，对方就同意添加她为朋友，看到被对方"接受"了，芳草内心里不由泛起对网络的感激之情，她想，网络时代的好处真是妙不可言，素不相识的两人只要彼此愿意交流，都可以借助网络平台进行对话，谈人生、谈理想、谈家庭、谈一切可以谈的话题……

芳草发过去了一个“你好”再加一个笑脸表情，“真诚等待”很快回了一个“你好”，只是表情换成了一个脸红的表情。

“很高兴认识你！”芳草又很快地键入了一行字，轻松地按下了回车键。

“我也是的，希望我们能成为朋友。”对方这次的文字换成了粉红色的字体，并发来了一个屏幕抖动。

“那得看我们有没有做朋友的缘分了。”芳草觉得女人应该矜持和含蓄一点，不要给别人急吼吼的感觉。

“那是，那是！”对方亮出了一个举双手赞成的动作。

就这样，芳草和“真诚等待”一聊就是几个小时，从刚开始的拘谨陌生到完全的放松随意，感觉就像多年未见的老朋友，只是需要多一些铺垫而已。

从聊天中，芳草知道对方有过一段长达十年的婚姻，前年妻子因意外出车祸去世了，留下一个女儿，他在深圳工业区有家化妆品厂，自己有一套三房二厅的房子，与香港一水之隔，推开窗就可以看见香港的高楼大厦。对方的条件这么优越，让芳草颇为心动，距离是问题吗？现在的交通这么发达，如果对方愿意，自己搬到深圳也没有问题呀，这也许就是冥冥中注定的缘分吧。芳草就这样胡思乱想着。她有一种相见恨晚的感觉，从对方的字里行间，天生敏感的芳草隐隐感觉对方对她第一印象还是不错的，对方也流露出要进一步交往的意思。

第二天还没到下班时间，芳草就急着赶回家，一回家就打开电脑，进入到QQ，“真诚等待”果然挂在网上。

“你今天没有上班？”芳草发过去一个疑惑的表情。

“我上班和下班有什么区别吗？反正都是为自己干，想干就多干一点，不想干就在家里休息，反正有一帮人在那里为我撑着。”“真诚等待”特地在文字下划了一道双下划线。

“我想听听你的声音，可以吗？”“真诚等待”传过来了一个闪屏。

看来，男人就是性子有点急，才交往一天就想要电话号码。想听就听吧，反正我的声音虽不像夜莺那般委婉动听，但也不至于像乌鸦那样聒噪难听。

“要不，我们视频聊天吧！”芳草故意卖了一个关子，敛声屏气地盯住屏幕看对方的反应。

“不好意思，我的摄像头昨天不小心摔坏了！”“真诚等待”发来一个双手抱拳的动作，表示歉意。

“既然这样，我给你手机号码，你可不要半夜三更地打电话骚扰我哟！到时我可不接电话。”芳草边打文字边笑，她想表现得幽默一点。

电话号码刚发过去，不一会儿，芳草的手机就响了，手机上显示的号码确实是深圳的区号0755，芳草犹豫了一下，还是揿下了通话键。

“你好！”是一个浑厚低沉，带着广东口音的男子。

“你也好！”芳草“扑哧”一下笑出声来，对方也跟着呵呵笑了起来。

“听你的声音，好像嗓子有点嘶哑，是不是感冒了？”“真诚等待”很“关心”地询问道。

“好像是的，谢谢你的关心，今天稍微呛了一点风，多喝点热水就会没事的。”芳草心里一热，一股暖流瞬间涌遍全身，自从离婚之后，再也没有人对她说过这般知冷暖的话。

“那好吧，你自己可要当心身体呀！”“真诚等待”抛出了让人暖洋洋的话语。

……

挂掉电话，芳草心里涌起一股说不出的甜蜜和幸福，没有想到，苦苦寻觅的爱情就这样悄无声息地降临了，她高兴地边哼起小调边做起了晚饭。临睡前，芳草收到一条短消息，还是那位“真诚等待”发过来的：“感冒了，要多喝点开水，多注意休息。”看到这条短信，芳草感动得泪水忍不住从眼眶里涌出来，她知道这不是苦涩的泪，而是幸福的泪，好久好久没有人这么关心过她了。

早上芳草还没有醒来，就被电话铃声给吵醒了，她的火气一下子直蹿头顶，心里暗骂，哪个冒失鬼，这么早就打电话了。芳草睡眼惺忪地看了一下来电显示，原来是那位“真诚等待”，升腾起来的怒火早已消退得一干二净，取而代之是一副温柔甜美的声音。

“老婆，起来了吗？”“真诚等待”依旧一副浑厚低沉的男中音。

老婆，叫我老婆？芳草心里“咯噔”了一下，倒吸了一口冷气，好像进展太快了吧？认识才第三天，就叫这个肉麻麻的称呼！芳草心里确实有点接受不了，但她对“真诚等待”这种男人又不能太过于苛求什么，因为她不想放弃这么一个优秀的成功男士，他愿意叫就叫吧。

“不好意思，还没有呢。”

“老婆，你感冒好点了吗？你可要学会多照顾自己哟，今天我厂子里有点事情要处理，就不和你打电话了。”“真诚等待”温柔地说着，芳草动心地听着，真没有想到他这么关心和体贴自己，而且还称呼起自己为“老婆”，看来对方对自己是非常满意的。

“好的，你也要自己照顾好自己，不要太劳累了，我们有空再联系。”芳草温和地说道，现在就让她叫对方为“老公”，她无论如何也做不到。男人和女人毕竟不一样，男人表现得轻浮一点，可能女人还认为他比较大胆，能豁得出去，是做大事的人。如果女人让男人感觉太过于轻浮，那样会吓跑男人的，除非他另有企图。

在以后的几天里，“真诚等待”和芳草一直保持着高频度的联系，要不打电话，要不发短信，彼此好感与日俱增，感情也迅速地升温，真叫一天一个样、三天大变样。芳草听着老婆长老婆短地叫，刚开始还有点不好消受，到后来便坦然受之了。

“真诚等待”还给了芳草一个以00852开头的电话号码，说是他居住在香港的父母想认识一下她。芳草上网查了一下，确实是香港地区的区号，电话接通后，对方也是一副十足的广东腔，一个劲地夸她怎样怎样的好，夸得芳草都脸红了，末了对方还盛情邀请芳草有空到香港来玩。

芳草掐着手指算了一下，她和“真诚等待”已经认识八天了，她的心情暂且不说，另外一个明显的感觉就是自己的皮肤好像比以前光洁润滑了许多，年轻时谈恋爱的那种久违的感觉又重新回到自己的身上。

这一天早上，芳草照例接到了“真诚等待”的电话，他说他正和父母在吃早茶，在聊新店开业怎么筹办的事情。之前，芳草记得“真诚等待”在电话里提起过他要在深圳开一家茶餐厅，到时有可能还要芳草过去帮忙管理这家店铺，芳草当时以为是他顺口说说而已，也没有当回事。今天，他特地打电话说起这件事，芳草这才信以为真。

“老婆，我的新店马上就要开张了，我爸妈的意思是让你送送花篮表示个意思。”要让芳草花钱破费，“真诚等待”似乎表示出非常歉意的样子。

“你的新店要开张了，我也不能赶过去为你现场庆贺，送送花篮也是应该的，不知要送什么样的花篮，多少价钱合适，我这方面没有经验。”

“多少钱都没有关系，关键是你心意到了就可以了。”

“我们不在一个城市，怎么才能送到你手里呢？”

“你在深圳买就可以了，你把钱给汇过去，然后让花店把花篮送过去就得了，我这里有一家我经常去买花的花店，老板还是不错的，你直接打电话过去订吧！”

芳草按照“真诚等待”给的电话号码打了过去，电话也是一个操广东腔的男的接的。

“老板，我的一个朋友新店开张，想买花篮庆贺一下，不知怎么送法？”

“我们这里的花篮888元一个，人家的新店开业，送花篮当然要讲个吉利，送六个表示六六大顺，送八个表示发财发财，你是想送六个还是送八个？”

什么？一个花篮竟然要888元，一送就要送六个或八个？芳草怀疑自己的耳朵是不是听错了，还是别人说错了，她又赶紧问了一遍，对方明确告诉她一个花篮确实是888元。什么花篮这么值钱？而且一送就送六个或八个，到底买还是不买呢？要知道这笔开销是她两个月的收入，她一时拿不定主意。

就在这时，“真诚等待”打来电话，口气很急地说：“你订了吗？别人的花篮都到齐了，就差你的啦，爸爸妈妈都在等你的花篮，你的不到怎么开始呀？”

“真诚等待”一番催促的话让芳草拿定了主意，想想也是的，自己未来“老公”的新店开张，自己出点血也是应该的，想想将来能住上一眼能看到香港的大房子，管理着一家茶餐厅，还有那位体贴入微的如意郎君，芳草一咬牙，买八个吧！不要太小气了，不能让人家看扁咱。

芳草再次打通了花店老板的电话，要来了对方账号，匆匆赶到银行将购八个花篮的钱打入对方的银行账号。

钱汇出去后，芳草就坐立不安地等待“真诚等待”的电话，她在猜测着，他打电话时肯定会和自己说开业时场面是多么的隆重，有多少人参加了他的开业仪式，甚至还会和她商量什么时候动身到深圳的事……想到这里，芳草不由得把手机攥得更紧了，生怕“真诚等待”打来电话时她听不见铃声响。

就这样，芳草一直等到下午5时，手机再也没有响过，她想或许是因为他太忙而忘记给她打电话了，既然这样，她主动打电话过去问问，也表示一下她的关心。

电话拨过去，没有想到，“真诚等待”的手机居然关机了，再打他住在香港的父母的电话，提示是空号，再打那个花店老板的电话，也不约而同地关机了。

芳草一下子愣住了，热血一下子涌到了脑袋上，是不是自己遇上了一群骗子了？她闹不清究竟怎么会被骗子给盯上的，等她清醒过来后，她才到附近派出所报了案。

点评与建议

芳草的遭遇不是个案。利用网络交友之名的骗局层出不穷，此类“送花篮”骗局并不是第一次出现。据警方人士分析，行骗者一般假扮求偶者，均自称有经济实力或事业有成，在征婚网站上登记虚假信息后再物色合适的求偶者。骗子利用甜言蜜语博取对方信任，然后以公司开业需要对方赠送花篮等为由，要求对方在指定店订购或将购物的钱存入指定账户。但愿人们能从这个例子中吸取教训，擦亮眼睛，辨别真伪。据警方透露，一些事主发现被骗后，担心亲戚朋友取笑，都不愿到公安机关报案。公安机关提醒，当事人应该维护自己的权益，主动向公安机关提供证据，不要放纵犯罪分子。

女厂长跌入骗子“征婚”陷阱

在众多的征婚者中，有些人由于不懂得防范别人，缺少戒备之心，再加上情感失落，以致受到社会上对剩男剩女的议论，迫切需要温情与家庭。因此，骗子正是针对他们的这一软肋设置陷阱，进行精心设计、巧妙布局，让许多人受骗上当。生活中，这类案例屡见不鲜。

李某和张某曾经是一对因诈骗犯罪而在一起服过刑的狱友。出狱后，两人非但没有金盆洗手，反而联手重操旧业。这一次，他们决计利用自身长得仪表堂堂的资源，以征婚为手段，把那些离异、丧偶的有钱女性作为施骗对象。在他们看来，这些女性由于突然丧偶或有过一次失败的婚姻，体味过世间的人情冷暖，所以更渴望温暖，更急于有一个温馨的港湾，他们乘虚而入也更容易得手。很快，他们找人做了假身份证和假离婚证，又到新疆买了50克真黄金、2000多克假黄金，并花钱把自己从上到下包装一新，活脱脱一副大老板模样。一切准备就绪后，他们便坐车到了陕西省宝鸡市。

到宝鸡市后，他们用假身份证办了手机卡，在一家宾馆登记了房间，又分头用假身份证、假离婚证在婚介所作了征婚登记。李某对婚介所谎称自己是做黄金生意的，他老婆跟一个做珠宝生意的港商跑了，要求找一个有事业的女人，隐含条件就是她有钱可骗。

当天下午，在婚介所的安排下，李某就和宝鸡市陈仓区某织布厂厂长姚某见了面。李某的翩翩风度和知冷知热的甜言蜜语很快博得了已过而立之年的姚某的好感，姚某瞬间对他有了惺惺相惜的别样感觉，两人从此开始频繁约会。

就在他们第四次见面时，姚某便和李某发生了关系，此后更是一发而不可收。感觉时机已到的李某为了给姚某继续灌迷魂汤，又特意花200元钱买了一个保险柜放到他住宿的房间里。然后，他和张某一块儿动手，找来铁砂和两个不透明的塑料瓶，把铁砂分别装在两个塑料瓶中，又在两个瓶口处弄了个夹层，给上面放上一层真金粉，再把两个塑料瓶放进保险柜。

这天，趁姚某来找他，李某不无“担忧”地说，他的保险柜里面装着近10公斤“黄金”，放宾馆里着实不安全，想搬到姚某的织布厂。说着，他取出塑料瓶打开瓶盖就呈给姚某看。已把李某当做自己人的姚某当即同意，并帮李某把保险柜拉到了她在织布厂的宿舍里。

两三天后，自以为已取得姚某信任的李某与张某一起到姚某的织布厂找到姚某，李某一边向姚某介绍自己的助手“小贾”（张某），一边装出一副心焦的样子，称自己马上要到外地进货，但资金还差10多万。见姚某一脸犹豫，张某马上在一边帮腔，说李某为人老实，讲信用，资金雄厚等。姚某想想也是，他不还有10公斤“黄金”在她哪儿放着嘛？

几天后，为了李某的事业，姚某便把5.4万元钱拱手送给了李某。拿到钱的李某马上找到张某，给张某分了其中一部分后，两人便金蝉脱壳，相继又到新疆乌鲁木齐市如法炮制地行骗。

由于在乌鲁木齐没有骗到钱，李某再次想到了姚某。很快，其又以他们在上海交货价格低、把货压下了等借口四次骗取姚某现金4.7万元。之后，他们便玩起了人间蒸发。发觉上当受骗的姚某这才报了警。2009年3月，李某和张某窜至陕西省汉中市继续行骗，被宝鸡市陈仓警方一举抓获。

以为自己遇到了真命天子，到头来非但没有钓到金龟婿，反而被骗钱骗色骗感情的姚某，留下的只有痛心痛肺的苦涩。

点评与建议

其实，纵观本案中的两个骗子，其大言不惭的吹嘘，子虚乌有的谎言，这些在平常人看来如此拙劣而又惯用的伎俩实在是并不高明，可为什么即使像姚某这样事业有成的女人都会跌入其设下的陷阱中而不可自拔呢？但愿该案能给更多的人以应有的警示。

女白领网络征婚身陷骗局

近年来，婚恋交友网站渐渐深入都市男女的生活，受到越来越多的“80后”的青睐。市民严小姐也是网上征婚一族其中一员。但是，等待严小姐的不是幸福，而是一场精心设计的骗局。

严小姐今年36岁，宿迁本地人，毕业之后听从家里的安排，回到了宿迁从事会计工作。随着年龄的增长，不知不觉中，严小姐就成为了“剩女”。家里人便发动身边所有的朋友和亲戚帮严小姐安排相亲。她上学是家里人安排，工作也是家里的安排，她不想连自己以后的婚姻也是家里人安排，她想选择“自己的”方式，所以她去网上注册了征婚。

注册之后，严小姐很快收到来自全国各地男士的邮件，其中不乏优秀人士，但是都被严小姐以距离太远而拒绝。但是，其中一个男士没有因为严小姐的拒绝而选择放弃，他仍然坚持，这让严小姐挺感动的。

这个男士姓张，38岁，说是在安徽省工作，从事橱窗设计工作。他足足追求了严小姐三个多月，每天很准时地发来邮件问候她。

两人第一次见面后都没有什么反感，虽然分处两地，但两人还是开始了交往。一开始两人是每天都利用电话和QQ联系，后来就是每个月见两次面。每次都是在同一地方见面。

交往了一段时间以后，男友便以各种理由从严小姐身上“借”走了2万余元现金。严小姐是本着结婚为目的交往，所以对他倾注了全部的感情。

半年之后，就在两人开始谈婚论嫁的时候，男友张先生却突然中断了与严小姐的联系，不论是电话还是QQ均没人回复。那个时候，严小姐就感觉自己的世界一下子暗掉了，不想工作，也不想吃饭，整天想着他。

随后，严小姐向公司请了一个星期的假，一个人跑到安徽去找男友。根据以前男友提供的公司地址，严小姐找到了该公司，但负责接待严小姐的工作人员却告知严小姐，公司里没有姓张的设计师。

严小姐觉得事情有些蹊跷，便拿着男友的照片，到当地派出所请求帮助。派出所户籍科的民警一看到照片，就说："不用查了，前几天我们才抓到他，他是专门从事婚姻诈骗的。"

民警告诉严小姐，其实她的男友根本不姓张，真实姓名叫吴鹏，无业游民，早些年因为偷盗案件做过两年的牢，出狱之后，因为找不到正式的工作，而且好吃懒做，没有任何收入，便从事婚姻诈骗，专门针对网上外地的一些大龄女青年下手。而且吴鹏并非单身，而是一个有家室的男人，孩子今年5岁，在当地的一所幼儿园上学。

如今，对自己的这一段异地网恋，严小姐感到非常后悔，自己不仅莫名地做了"第三者"，还被骗2万余现金。

点评与建议

在网络上征婚，不要被对方的甜言蜜语玩弄感情，一定要查清对方的真实情况后再交往。务必保持清醒的头脑和明智的判断力，在交往初期不要轻易尝试和对方发生性关系，在交往过程中一旦发生要求你借给或者送给对方钱财的情况，一定要提高警惕。

网络征婚真假难分迷人眼

网络为我们提供新的资讯、便捷的交流，为我们呈现多彩、奇异与未知的世界，从某种意义上说，无所不及的网络全面刷新了人们的生活。网上交友、网络相亲，已经成为一种不受时空限制的征婚方式。生活节奏的加快，工作压力的加大，使得网络征婚如同快餐一样成为很多未婚一族的选择。然而，怀着追求幸福的憧憬，他们能在虚拟社会找到属于自己的另一半吗？

一个叫“生命如歌”的网友说：“我已经是大龄青年了，平时生活的圈子中也没有遇到合适的对象，所以就想通过网络征婚寻找自己的另一半。”

2011年4月，“生命如歌”成为某婚恋网站的会员。不久，“生命如歌”就在该网站的平台上收到一个叫“德哥”的惠州男士的联系请求。“生命如歌”查看了“德哥”的个人资料，很认同他对爱情、婚姻和家庭的价值观，因此跟“德哥”取得了联系。

“德哥”说他刚刚注册成为会员，与“生命如歌”聊得很投缘，他让她专心与他交往，不再登录珍爱网，“德哥”表示也不再登录珍爱网。“德哥”还反复强调，不要让“红娘”（网站工作人员）知道他们在交往。

与“德哥”通话后的第二天早上，“德哥”又打电话给“生命如歌”嘘寒问暖。“生命如歌”觉得“德哥”很体贴。“德哥”告诉她，他有一兄一妹都在香港，儿子去年也被接去香港读高一了，他独自在惠州经营一家鞋厂。

但当“生命如歌”再次登录珍爱网站时，发现“德哥”不仅也登录了该网站，还上传了几张照片。“生命如歌”对“德哥”的诚意产生了怀疑。于是，“生命如歌”将自己的情况告诉了“红娘”，“红娘”提醒她：很可能是骗子。

“生命如歌”后来问了“德哥”很多问题，“德哥”难圆其说，便不再和她联系了。

没过多长时间，一个叫“家的感觉”的人又联系上“生命如歌”，对方说话的内容和“德哥”如出一辙，首先是自我介绍做什么生意，表明自己是老板，然后说自己有几处房产，父母和几个兄妹分别在哪里居住。“生命如歌”一听就不诚实，所以没说几句就找个借口拒绝了。

后来，“生命如歌”陆续又接到了三个类似的电话，她都找借口回绝了。

才短短三个月的时间，便遇到这么多骗子，是“生命如歌”所没有预料到的。“鱼龙混杂，感觉网上好些人都不真诚，真不知该不该相信他们了。”“生命如歌”感叹道。

点评与建议

确切地讲，网络征婚这种形式对于征婚者而言，只是多了一个渠道、一个窗口，并且极大限度地扩展了个人交往范围。但是，很多骗子也在利用网络进行虚假征婚，意在骗钱骗色。网络征婚诈骗的特点是：网上炫耀财富、地位、家庭背景等个人信息进行利诱；网聊时痛陈失败婚恋史或不幸生活史骗取同情，进而谋财谋色；编造虚假身份或人际关系信息作虚假承诺或索要财物。

警方提醒：时刻保持清醒，千万不要轻易和对方发生性关系，以免被拿来要挟。真要网上征婚交友，要选择有资格认证的婚恋交友网站，或“地域性”较强的老牌婚恋网站。

落入市井小报征婚广告陷阱

现在有一种畅销小报，每期花花绿绿出一摞，其中有一整版登载征婚启事。左边一栏为“凤求凰”，右边一栏是“凰求凤”，两边对应，相得益彰。每每翻起，便觉西施貂蝉美女如云、贤妇才女如在眼前；再一打量，又有吕布潘安玉树临风，英雄富豪纵横捭阖，真是群英荟萃，美不胜收。然而，其中的玫瑰陷阱可谓多多，挨刺受伤的人不在少数。

2009年4月20日晚，在某市一所简陋的民房内，雷天准时坐到了电视机前，兴致勃勃地收看电视台的一档“相识”节目。今晚，他要给自己找一个“对象”。很快，他如愿以偿地发现目标：35岁的女医生韩玉。当天夜里，雷天迫不及待地给韩玉写了一封热情洋溢的应征信，不仅表明自己未婚，还随信寄去了照片。

两天过后，雷天收到了韩玉的回复。电话里二人约定见面时间和地点。凭着照片，韩玉很快认出了雷天。他们在街心花园坐了下来。

“我已经35岁，一次短暂的婚姻给我带了很大痛苦。现在，我没有更多的要求，只是想找一个对我好的人，踏踏实实地过日子。”韩玉是个老实人，她想尽快成个家，这对她年迈的母亲也是个安慰。

雷天若有所思地说：“我也35岁，是浙江人，在XX大学读的本科，现在在某公司工作，是工程师。我在这里没家，所以想找位本地姑娘。”

两个人聊了很久，分手前，韩玉答应下次见面时送给雷天几张照片。雷天在最短的时间内取得了韩玉的信任，并在相识一周后住进了韩玉家。一切都在雷天的意料之中。

韩玉不仅心地善良，而且十分能干，她把她家收拾得干干净净、井井有条。雷天在韩玉家住了近三个月，渐渐地，他失望了，因为，韩玉除了有一位待人和气的老母外，什么也没有。

2009年8月，雷天又从报纸上看到一则征婚启事：35岁的赵青女士在某办事处任职。他立即按报纸上的号码打了过去。很快，雷天以同样的伎俩骗取了征婚姑娘赵青的信任。

此时的雷天已经极少来韩玉家住，只是偶尔打电话来问候一下。同时，他又与赵青的交往日益频繁。一来二去，赵青越发喜欢这个能说会道的男人，还时不时地留他过夜。一天晚上，当他们享尽鱼水之欢后，赵青说："我们能做的也都做了，我想，你应该带我去你家看看。"

雷天的心咯噔一下：家？难道让她去？不行！他在脑海中迅速搜索着可能被称为"家"的地方——对了，韩玉！他调整了一下语气，轻声答道："好吧。不过你要装作是我的同事，否则，万一咱们俩不成，家里人会不高兴的。""嗯，我答应你。"赵青很痛快地答应了。

这天正巧韩玉出去了，她的母亲一看是多日不见的雷天，便二话没说把他们迎进了屋。雷天拉过老太太说："妈，这是我的同事赵青，她来家坐坐。"韩玉的母亲没好意思多问什么，径自去给他们倒水了。

雷天一面带着赵青四处看，一面说："如果咱俩结婚，这儿就是咱们的家。"赵青点点头说："三居室，房子面积可以，就是太旧了，结婚用的活，需要装修一下。"雷天连连称是。不到半个小时，雷天借口他们还有别的事要办，便告辞了。

第二天早上，赵青让雷天陪她去银行取钱。雷天灵机一动，立刻说："昨晚我估算了一下，装修那套房子要6万元，可我目前只有

4万，你能不能先借我2万？过几天我发了奖金就还你。”赵青想了想，既然他有意娶我，不妨先借给他。就这样，雷天顺利地得到了两万元。

从赵青那儿骗完钱后，考虑到“安全”问题，“休息”了一段时间。2009年底，雷天旧“病”复发，故伎重演，便又一次看起了报纸中征婚一栏，接着，拨通了一位名叫何珍的征婚女性的电话。何珍是某科研单位的干部，现年33岁。

第一次见面后，何珍感觉不错。有经验的雷天没费多少“口舌”便在几次见面后，骗了何珍2万元钱。

在与何珍交往的同时，雷天身边还有另一位“女朋友”，她也是雷天按照报上的征婚启事联系上的，她是在某机关报社工作的现年32岁的征婚女子齐悦。雷天把与齐悦的第一次约会安排在某高等学府的校园里。雷天谎称：“我叫杜明，是公司的副经理。我有双学历，目前正从事研究工作，有一定的经济基础……”自此，二人开始正式“谈朋友”。

慢慢的，雷天取得了齐悦的信任。一天，雷天打电话给齐悦说：“我要去天津取钱。我们单位一台价值10多万元的机器被别人弄坏了，我承担了一部分责任，所以得赔偿3.3万元损失费。”齐悦听说，雷天在天津办过一张金穗卡，上面有30多万，于是就嘱咐他路上小心，要早去早回。

雷天一到天津就给齐悦打来长途，说从信用卡里马上取不出那么多钱，所以他想先回来借钱。当雷天回来时，齐悦的5万元钱已经摆在他的面前。那一晚，他们过得十分尽兴。

不久，雷天又告诉齐悦，说自己在公司里有股份，需要现金周转，齐悦又交给他2.7万元。此后，齐悦既不见雷天有成婚的意思，也没发现他开口说还钱的事，便有点不踏实。她平静地回想起这些日子以来的种种怪异：自己的单反相机被他拿走了，录音机也被他拿走了，还有那些对不上号的现金……前前后后连起来一想，齐悦果断地决定去派出所报案。

2010年5月，雷天被警方逮捕。

在看守所，检察官问雷天：“你是怎么想到骗征婚女性钱的？”

“几年前，我曾认识过一个姓赵的女友，曾从她身上骗了4.5万元，后来逃到广州躲了一阵子，也没被抓到。所以我觉得这样干容易弄到钱。”

“你结婚了为什么还要和未婚女性以交友的方式来往？”

“我就是想通过搞对象来达到骗钱的目的。”

“你骗这些钱打算干什么？”

“想自己办个公司。”

“现在这些钱都哪儿去了？”

“我在浙江省舟山市的工商银行存了9万元，又买了一部手机，其余的钱都吃喝了。”

……

点评与建议

社会的发展，已经使人们摆脱了求偶的地域制约。征婚广告对于在快节奏、高效率运转之下无暇顾及个人问题的男女来说，无疑是一杯清醇的美酒。然而，在这充满玫瑰幽香的美酒背后，也不乏征婚中的陷阱。在本案中，等待雷天的将是法律的严惩。而那些轻信征婚广告的人，不也该深深地反思吗？

情场高手不停猎艳终有报

情场高手之于平常人，最大不同并非感情泛滥，而是他可以有的放矢，分清孰清孰重。倘若爱上一个人，情场高手中最流行的做法绝非表白，这将予对方突兀之感，有把感情当儿戏之嫌，所以即便真对对方一见钟情（其实最多是有意思），也要说不是这样的。

现实生活中，有多少痴情女子滑倒在情场战神老男人的甜言蜜语中，守着他们的承诺，耗着自己的青春。等到青春耗干了，才发现他们身边早已有人替代了自己……

莫名是他在婚介所里用的名字，因为他说他是安全局的，为了保密工作的安全起见，他只把他的工作证出示给了婚介所里的负责人，也只有负责人才知道他的本来面目。

44岁的莫名正年富力强，人长得很精神，那双眼睛像要洞穿人的心底，他曾在一部电影里出演过一个无关紧要的角色，他的公开身份就是一个三流演员。他常常开着一辆挂着外地牌照有安全字样的桑塔纳小轿车闪着警灯呼啸着在街上横行，他也就是开着这辆小车抵达婚介所的大门，然后大摇大摆地走进来的。他从皮夹子里拿出几张大票说要加入收费最贵的会员行列，他要求有特别服务，即单选和优选。单选就是他有选择别人的权利，而不把自己的资料公之于世，整个一个隐形人；优选就是婚介所把最新资料优先通知他，等他选择完以后才能放进人人都可查的花名册里。

在婚姻状况那栏里，莫名填的是丧偶，他向赴他约会的女子介绍，他前妻是死在去上班的小车上，心肌梗死，车一掉头往医院送去急救的路上就没有了气息。女孩子们听得有些毛骨悚然，心里就有了阴影，他前妻果然是暴病而死？有没有什么不可告人的隐情？流传开来，莫名就越发显得神秘。

莫名选择女朋友很有意思，专挑做生意的，尤其偏爱做酒楼开饭馆的女人，他把这类女人列成长长的名单，然后一个一个不厌其烦地开着他那辆挂着外地牌照的小车去检阅，文化不够高的淘汰出局，长相不够好的淘汰出局，做小本生意的淘汰出局，剩下来三四个他便轮番与她们约会。

风流也要有品位，莫名这个情场老手很懂得女人的心理，只要不对他推三拒四，他就敢大言不惭地邀请女士上床，并且堂而皇之地说彼此了解总该有一个开端。在他看来，女人一上床，就会认为自己已经是他的女人了，便对他再无保留，就会把自己的一切像竹筒倒豆子般全告诉他。

莫名便以职业安全工作者的口气问她们一个个问题，摸清她们的经历、财产乃至隐私，他解释说是职业习惯，他怕对方是敌方派来的间谍云云。他又以关心她们的姿态，了解她们怎样经营酒楼，是亏还是赚，以及管理酒楼的细节。聪明的莫名把从这个女人处听来的照搬到那个女人处，很容易显出他的内行，女人们便越发对他爱慕得不行。可是，主动权在他手里，他的出现和消失都神神秘秘。女人们找不到他的时候，他说在执行任务。他最多的时候是同时拥有四个未婚妻。莫名给四个女人都许诺要为她们开一座酒楼，让这些女人都心花怒放了一回。最终他的确开了一家酒楼，并且从四个女人中娶了一个最年轻的做酒楼的老板娘，只是这笔资金是这个女子带过来的，他仅仅是策划而已。

莫名被女会员投诉滥用感情，不规不矩。但是，当婚介所的负责人准备注销他的会员资格时，他已领取了结婚证，打电话来主动要求撤档了。为了生意上的影响，婚介所以为害群之马已经离群脱缰，他们只能保持沉默了。

点评与建议

一个男人和他所不熟悉的性感女人相处时，难免会有点想法。不过一个成熟的男人肯定不会直接吐露出自己的心声。为了不把关系搞僵，免去不必要的尴尬，他们擅长说一些带有性暗示意味的语言，聪明女人一听便知。但处于空窗期的寂寞女人很可能糊里糊涂地入了圈套，也有人是愿者上钩……因此，婚介所的老师们对女会员应该补充一些教诲：女孩子一定要自重，不要让人有机可乘，不要被别有用心的高级流氓白占了便宜。

第六章
节日婚恋，爱情表白也疯狂

现在，各种节假日、生日都是表达“我想和你在一起”的好时机，有意思的是，大部分女生喜爱的表白节日还包括了“六一”儿童节。此外，郊游也是女人喜爱的约会方式，紧随其后的是看电影和演出，而一年之恋的最佳时期则在于春夏。正如一首诗中写道：“一年之间总有几个节日不会忘记，一年走过四季，虽不能时时相聚，却会在佳节来临之际想念你。”

“剩斗士”假日相亲屡败屡战

对于越来越多的大龄青年来说，相亲成了一个固定的生活必修课。尤其在长假期间，更是被父母唠叨、被同学的婚礼“折磨”、被同事好友们数落，还有休息日独处的寂寞……“剩斗士”除了加班就是相亲赶场。可缘分这东西，并不因为大家都闲着就能召之即来。据婚恋交友网站介绍，最“壮烈”的受访女会员，七天参加了十多次相亲，可谓屡战屡败，屡败屡战。

实际上，不仅仅是男女“剩斗士”本人，他们的家长也都有过一个五味杂陈的相亲过程。请看下面剩女、剩男和父母这三个例子。

肖小姐就是相亲大军中的一员。假日连番相亲，非但没成功，而且很受伤。她今年28岁，是某英语培训机构的教学顾问。月薪近万元，人长得也很清秀。长假期间她每天的日程都被排得满满的，用她的话说，相亲的对象都有一火车皮了，但还是没找到能对上眼的。

要想找对象，就得把一切可以利用的资源全部利用上。10月1日假期刚开始，肖小姐就参加一场最时髦的婚礼相亲会。她的高中女同学出嫁，新郎也是热心人，提前就说好表面上是个婚礼，实际上，他们要把场面做成两边未婚朋友的相亲会。

肖小姐因为是新娘闺密，成了伴娘。同时男方派出的伴郎，也是经过精心安排的，是她的第一候选人。伴郎挺帅，是一家公司的中层主管，33岁的年龄也相当。弄得肖小姐心花怒放。从对方的眼睛看出，他对自己也挺有好感。两个人合作无间地完成了整个仪式，其间有聊不完的话题。

此时，伴郎羞涩地提出了意外的小要求，他最近正在研究《易经》，对手相很感兴趣，希望能实践一下。对方的语气婉转，肖小姐没犹豫就将手伸了过去。对方轻轻托着她的右手掌，仔细研究。

肖小姐正为他的温柔动作心动，却渐渐觉出不对劲。男方的眉头紧皱、表情渐渐僵硬：“你的身体不太好……也攒不住钱……未来的婚姻也挺曲折……”听了他“嫌弃”的语气，肖小姐抽回了手。这时男方尴尬地一笑，又赶紧说着：“我其实不是很懂，我不信这个的。”可是他的眼睛出卖了他的想法。随后他们仍有交谈，但男方显然已经决心“放弃”，最后只简单交换了电话，就再没有了下文。

丢弃了“手相男”，10月3日肖小姐又参加了一场单身俱乐部的相亲会。俱乐部采用会员制，缴费后单身男女可在会场里自由聊天或玩游戏。

第一天活动，她就被推荐到K歌的房间里。当晚房间内已有七八个男女，迎着屏幕的光线，她看到男士们确实在“水平之上”。

她刚坐稳，就被身旁的男士邀请点唱。肖小姐虽然不是五音不全，但拿手的歌确实不多。她点了一首刘若英的歌，万一唱得不好，肯定其他女生能帮她完成。

俗语说得好，人要倒霉，喝口凉水都塞牙。快轮到肖小姐一展歌喉时，她身旁突然坐下一个瘦小女生，一进来便不客气地插播了一首《青藏高原》。大家对于这种“无礼”有点不满，可谁知人家一拿起麦克风，所有人都折服了。原来，人家是音乐学院的民歌高材生。一曲唱毕，立刻赢得了在场男士的喝彩。

正当大家还在热议时，肖小姐的歌曲不凑巧地轮到了。她“心里这个恨啊”，一开始就忘了调儿，后面的也只能草草完事。眼看着机会丧失，不一会儿，她就悄悄溜出了房间。

在俱乐部里随便走了两步，肖小姐迎面又碰见一个不错的男人。对方见她一个人，热情地邀请她打乒乓球。谁知这又戳到了肖小姐的痛处，她不会打球。只好羞涩地说出“不会”。男人还想说什么，旁边立刻冲出来一个女人，说着“我会，我会”。男人只好掉头与那女人打球去了。

“这年头儿，相亲还得会多项技能，这也愁人啊！”肖小姐说，当晚她又没有任何收获。

10月5日晚，肖小姐从网上发现了一个人数约为150人的单身贵族相亲会。肖小姐马上兴冲冲地去了，为了能够出众，她在家里化妆就折腾了两个小时，才“完美”出门。

谁知到了现场就傻眼了。满眼都是身材苗条的漂亮姑娘，一水儿的紧身小洋装，脚踩高跟鞋，晃得人心荡漾。与这么多“高手”过招，激起了肖小姐的斗志。她全场扫了一遍，奇怪了，怎么没见到男人呀。一问早来的才知道，不是没男人，而是数量少得可怜。

七八个女人只能对着一个男人干瞪眼，弄得跟“选后宫”似的。还得上赶着抢着跟他说上一句话。要说“帅得多掉渣”也行，可内外都实在乏善可陈。美女们都耷拉着脑袋，现场所谓的游戏也因为来的人没兴致取消了。

在家准备了两个小时，结果停留不到10分钟肖小姐就走了。

同样的经历，不久前肖小姐也被刺激了一回。8月底，一家网站办的相亲会，夸耀是万人、千人的噱头，结果现场也是没有几位男士。他们都化身为会场四墙上的照片，女人们只能对着相片干瞪眼。肖小姐摇曳的旗袍和5厘米的高跟鞋，都空扮了一场。

话说肖小姐的相亲史，得从26岁开始。那时候，她的皮肤更紧绷，脸色更水灵，实在没把终身大事放在眼里。但眼见着快接近30岁，这才上了火。每一次相亲前，她都煞费苦心。特别是参加人数较多的团体相亲时，为了能够出众，提前一周她就开始做准备。为了呈现最佳皮肤状态，她每晚都要敷面膜，既要保湿，又得美白，还要去店里做美甲、进行手部保养等。提前三天，她就一定要搭配好当天的穿着。几乎把衣柜中的所有当季衣服都拿出来，试穿十几次才选出一身合适的。赴约前，化妆没两个小时绝对出不了门。一次简单的相亲，她可能因为准备工作，花费近千元，比跟男方吃顿饭都贵。

随着这种大海捞针般的相亲，肖小姐的心气儿却越来越低。赶场也越来越应付，化妆花个一二十分钟都算是多的，衣服穿得得体就好。相亲越来越成为一种任务。

华先生已经30岁了，如果不是朋友们挨个结婚抱孩子，他还不着急，在父母的“逼迫”下，他开始忙着“相亲”。

华先生也算是个“钻石王老五”，做金融风险投资，收入颇丰，174厘米的个头，戴着银丝边眼镜显得斯斯文文，开始相亲的他，才感叹真要找个靠谱的结婚，不容易。

10月2日，华先生约会了一个朋友介绍的女孩。在一家并不便宜的咖啡厅，见面时他眼前一亮，女孩皮肤很好，眉眼清秀，很“小家碧玉”。女孩基本符合他的标准，本科，性格温顺，身高165厘米至170厘米，体重不超过110斤，比例误差5%以内。

正当华先生暗自感叹不虚此行时，他猛然发觉女孩背后跟着三位老人。朋友忙上前解释，对方家里很看重这次相亲，全家都出动了。

坐在一起，女孩没怎么说话，倒是家长们一个接一个的问题抛过来，“你月收入多少？有北京户口吗？”妈妈先开口。

这么赤裸裸的询问，让他此前准备的各种浪漫婉转的聊天内容全部失效，他老实地回答，“工资不固定，平均有万元，户口是集体户口。”对方家长稍稍点头。“你开的什么车？你房子是贷款的吗？”姑娘的大姨追问。姑娘的爸爸看着气氛尴尬，出来打圆场：“我们就这一个孩子，打小全家心疼。”

一圈问题下来，华先生觉得对方始终没离开“钱”。他忍不住问了句：“你会做饭吗？”

这下可捅了马蜂窝！“现在都是男人做家务的，我爱人都做了一辈子饭了！”“我们还正准备说呢，你们如果在一起，你得请保姆。”……

一个小时，华先生愣没和女孩说上两句话，他心想，即便姑娘100分，这家庭咱也惹不起！便悄然给这次相亲画上了句号。

提起“父母之命、媒妁之言”，大家可能首先就想到万恶的旧社会。然而，一场新的包办婚姻风潮却在白领中流行开来。

市民王女士家的闺女身材高挑，在广告公司做策划，月入万余元，可就是连个对象都没有，属于剩女。闺女29岁生日已过，王女士下决心要让闺女这个“必剩客”在30岁之前嫁出去。于是在十一长假期间，王女士和别的大龄男女青年一样，赶场相亲。她就不信邪了，闺女那么棒，找个对象真有那么难？

国庆长假的某天下午，信心满满的王女士揣上闺女的照片儿，杀奔某公园，这里是著名的开放式相亲“会所”。公园各处还算幽静，而靠着河边就热闹了。远远看去，二三十米的通道上，挤了一二百人，个个手里举着写有剩男剩女信息的小牌牌。

相亲会的主角不是剩男剩女，而是他们的妈和爸！

都说“龙生龙、凤生凤”，王女士开始相对方父母。看了一圈下来，面相“不好看”的，长得凶的，都统统“pass”了。总算瞄上一个条件“还算可以的”，谁知对方看了闺女照片，居然撇了撇嘴。

宝贝闺女居然被人看不起，一向和善的王女士最忍不了这个，火气当场就顶到了脑门。双方“不欢而散”，也没留电话。更可气的是，对方走到稍微远一点儿的地方，还故意提高声调说：“儿子虽说岁数大点儿，但绝不能凑合。”

满场都是剩女！王女士这一辈子都没遭过这么多白眼儿，更没法去跟别人吵起来，她怕给女儿丢了面子。辛苦和憋屈一下午，只得要来写有男方信息的一张纸。回到家，王女士满心欢喜递给女儿，没想到女儿却不屑一顾。王女士委屈得眼泪都掉了下来，心说“我这是皇上不急太监急吗？又是何苦呢”！

气归气，掉眼泪归掉眼泪，为了女儿的幸福，王女士算是豁出去了。公园不靠谱就算了吧，王女士开始跟七大姑八大姨通气儿，只要是条件差不多的男人，她一定点头说“见见见”！

几天下来，她又帮闺女安排了一个相亲对象，这是35岁的中层领导。相亲这么多人都不成，肯定是女儿的态度问题。王女士决定偷偷跟去看看，打探一下“敌”情，给闺女挑挑毛病。

女儿和这个35岁的中层领导约在某餐厅见面。人来人往的，提前赶到的王女士躲在一个牌子后瞧着。好嘛，不瞧不知道，一瞧吓一跳，怎么35岁头就秃了？还有一个大的啤酒肚！王女士直接在心里打了个“×”，这跟媒人形容的“玉树临风”简直是天壤之别！女儿却面不改色地跟他走进了餐厅。俩人吃了饭，一会儿就散了。王女士也灰溜溜地回了家。

当晚女儿说，没瞧上。王女士没有像往常一样数落女儿，却抓起电话直接逼问七大姑八大姨：“不带这么寒碜人的！”结果对方却话里有话，“女孩不比男孩，岁数越大越不吃香，你瞧不上人家，也不看看人家能不能瞧上你？”

王女士想，十一没成功，还有元旦、春节！女儿一定能嫁出去！这口气憋在心里上不去也下不来。

点评与建议

忙碌的相亲成了节假日的一道风景，归根结底，是这些“剩男剩女”要尽快把自己嫁出去，或者急于娶一个进来，与其坐等着被“剩”，还不如主动出击，尽早解决婚姻问题。走马灯似的相亲是结束单身的最佳途径吗？其实，在积极寻找另一半的过程中，如果能以更为平和的心态，在结交异性的同时更加注重提高自己各方面的修养，那么在面对感情时，或许不用扎堆相亲，反而更容易成功。

小伙迟来的玫瑰打动姑娘芳心

为了表达心中爱意，有的年轻人在过年之际，用心给爱的人一个拥抱，用情书给爱的人一个铭记，用话语给爱的人一个宣言。然而，每一段不勇敢的爱情都有一个懦弱的主角。对心仪已久的人，有的年轻人埋在心底多年的爱却始终欠一份勇气说出来，还是“爱你在心口难开”。

郑君和一中学同学已相识九年，毕业后就各自忙碌断了联系，其实郑君心里一直想着那个“她”，想尽办法从同学那里收集她的消息。

2011年农历十二月初，郑君和女孩多年后第一次见面，但是从女孩口中得知她有了男朋友。郑君的心里很不是个滋味，失落感占据了整个大脑。郑君冷静想想，只要她能快乐，自己就祝福她吧！之后，他们再也没有见过面，只是偶尔打个电话问候一下，他不想打扰女孩。

2011年正月十五，郑君接到了同学聚会的电话，但由于工作原因，他们又错过了。但郑君得知，女孩和男朋友分手了。他当时心里并不高兴，更多的是心疼她。他意识到不能再错过了。但因为两人是特别好的朋友，郑君担心当面和女孩说，以后连朋友都做不成。思来想去，他终于鼓起勇气要向她表达自己的心情。

为了把这份爱的表白完美地传递给女孩，郑君做了很多准备。他自己拍摄了一段表白视频，通过网络发给女孩。

女孩看了郑君的视频资料很意外，她一直当郑君是铁哥们儿，从来没往那方面想过，不过对于郑君的心意她很感动。

就在女孩刚刚看了郑君的视频后，她频繁遭到父母的“催婚攻势”，“被相亲”一个接一个。初一刚给各家亲戚拜完年，从初六开始就像赶场似的，初七看一个，初八两个，初十消停一天，第二天看一个，紧接着一天一下子看三个，放假比上班都累。她总感觉像是回到了封建年代，有的连对方的基本信息都没掌握，父母看好了，就自行给安排了，不去看还不行，真是“悲剧”。

迫于这种局面，女孩在家过完正月十五，正月十六一大早就背起行囊到上海等地去散心了，因为她所在的单位要出了正月才上班。直到正月二十六晚上，她才从上海回来，就这样躲过了相亲。

郑君得知女孩回来后，他买来九十九朵玫瑰，并在中间夹上彩色纸条，上面写着：“茫茫人海中，错过了该错过的，放弃了该放弃的……于是终于等到了你！在新的一年里愿你美、愿我帅，咱俩相爱，多挣外快，幸福甜蜜像花儿，永开不败！”当他把玫瑰花送到女孩手里时，女孩竟然激动得哭了……她终于接受了郑君迟来的玫瑰花。

郑君和女孩都觉得，这个春节他们俩都过得很充实，总算没留下历史性遗憾！

点评与建议

要相信自己，面对自己喜欢的人勇于表白，说明自己的心思，也许对方也同样喜欢你呢？如果错过了，会后悔的。做人一定要自信，就算你喜欢的人不喜欢你，但至少让对方知道你的心，也算没有白白浪费你的感情。反而，知道了对方的心思，可以重新整理自己的思路，尽早放开这份感情，去重新追求自己的真爱。年轻的朋友，勇敢说出你的爱！也许你就可以拥有你的爱！

鹦鹉叼玫瑰，向心仪女孩示爱

对于大多数国家的年轻人来说，每年的2月14日，是一个盛大的派对。年轻恋人之间互赠礼物，表达爱意；夫妻之间互送合欢花，象征夫妻好合。近年来，情人节在中国也大行其道，深受年轻人推崇。众多商家也看准了这个商机，在情人节期间大赚一笔。然而，情人节千篇一律的节日庆典也让人乏味，很多人选择了完全不同的方式过情人节。

“您好！我爱您！”一天上午，在动物表演团工作的小颖正在忙碌，突然听到背后有一个颇为奇怪的声音在向她求爱。她惊奇地回头一看，竟然是一只鹦鹉。这只鹦鹉脚旁边放着一枝火红的玫瑰。看到她回头，鹦鹉用嘴巴叼起脚边的玫瑰，送到她手中。

手握玫瑰的小颖有些不知所措，不知道聪明的鹦鹉受谁人所托，将玫瑰送到她手中。

就在她感觉到茫然的时候，有一双手悄悄地蒙住了她的眼睛。当那双温柔的手拿开的时候，才发现他是驯鸟师小王。小颖明白了这出“求爱戏”是小王导演的，鹦鹉当了信使，传递上“爱音”。

随后，小王从身后拿出一束玫瑰递给小颖，单膝跪地，大声说“我爱你，可以做我的女朋友吗？”临近情人节，这特殊的求爱让人大为惊奇。

小王今年28岁，四年前来到这个动物表演团担任驯鸟师，专门训练鸟类表演、说话。24岁的小颖一年前来到这里上班。由于在同一单位上班，又都是年轻人，两人平时玩得比较要好。长时间的接触交往中，小王深深地爱上了小颖。

当然，“泡美眉”本身是件挺费钱的事，尤其对刚刚做驯鸟师的小王来说，哪怕是套耀眼的“行头”，也得花上好几千才能如愿。古话说，“人要衣装，佛靠金装”，小王深以为然，在如此重要的夜晚，怎可以不好好包装下自己，就跑去向心上人表白?

情人节就要来临了，小王想在这个情人节表达爱意。于是，就想到了自己最亲密的战友鹦鹉，他开始训练鹦鹉用嘴叼玫瑰，说“我爱您！”经过几天的强化训练，鹦鹉完全学会了。

小王吹了头发，穿着蓝豹西装、Polo长风衣，外加巴利皮鞋，甚至还有一根法国鳄鱼皮带，披挂一新、“闪亮”登场了！

对于小王的求爱方式，小颖既感到幸福，又感到惊奇，她会好好地珍惜这段缘分。

点评与建议

在情人节向自己心仪已久的对象表白有时候需要谨慎一点。表白或被表白并不可怕，可怕的是，结局不是谈一次恋爱，而是少一个朋友。爱情并不是你人生的全部，你可以为爱而活，而不能只为爱情而活。除去爱情，你还有亲情友情，你并不是为爱情而活，更不是只为他而生。多关心身边爱你的人，别等关心你的人一个个离你而去才懂得珍惜。

心理学家认为，小而巧的礼物，往往比昂贵的礼物更容易打动人心。归根结底，熟悉自己所爱的人的喜怒哀乐，善于创意，即使是一封信函、一张贺卡甚至一条短信、一个电话都能让人终生难忘。

最后，祝福情人节所有的有情人能终成眷属，爱情甜蜜到永久！

四年芳心悸动，终于决定表白

每年愚人节，捉弄朋友的怪招都会出新鲜花样。不过，越来越多的年轻人会把这天当作他们的“表白日”，愚人节也就顺理成章地成为他们说真心话的“挡箭牌”。如果对方答应了自然很好，若是对方有犹豫，也会当作一个玩笑。这样，大家都比较容易接受，就不会太尴尬。

芳华在大学里一直喜欢一个男孩，但是由于自己腼腆的性格，她选择把爱埋在心底四年。眼看着就要毕业，芳华觉得如果再不说，等到大家各奔东西的时候就晚了。情感问题需要小心试探，愚人节的到来对芳华来说是恰到时候。

芳华是刚入大学的时候就注意到那个男孩的，但是由于自己是个女孩子，而且那个男孩也有不少女性的朋友，她就没有报很多希望。她一个人享受暗恋的滋味并没有不好，只是有时候会觉得挺辛苦。大学四年因为那个男孩，她也没有找男朋友，也会有些委屈。

芳华的室友有时候会对她开玩笑说她喜欢那个男孩的事情，但是她也没有见那个男孩有什么表态，她不了解他的心里到底怎么想。但是就要毕业了，她觉得还是要借愚人节这天试一试，没有争取就是百分之百的失败，如果让他了解自己的心意，失败和成功的几率都在百分之五十。

现在，对芳华来说，什么样的结果已经不是很重要了，她不想让自己将来后悔。

点评与建议

愚人节比起情人节、元宵节、中秋节来说它并不是一个浪漫的节日，比如不用准备玫瑰花、巧克力等礼物来做诱饵。如果在浪漫的节日被对方拒绝，一定是件很伤心的事。年轻人选择在愚人节表白，真是付出不多，又相对安全实惠，给说话人和听话人都留有余地。曾经有网友撰写“愚人节表白短信”。下面这则“愚人节表白的N个好处”正是用来鼓励那些平时没有勇气的“爱情菜鸟”的：

一是巧妙暗示。主动搭讪陌生的人你也许不大适应，你也可以用巧妙的方法暗示对方，如果你对喜欢的人比较熟悉，在你们平时的相处过程中，你就可以让对方慢慢积累对你的好感。如果他领会了你的用意，并且对你也有好感，对方就会主动过来接近你，这样你就成功了。

二是打消顾虑，大胆追求。不必担心对方是否会喜欢你，这种顾虑只会使你心神不安，失去一次次机会。只要你勇敢地拨一个电话，勇敢地开口，也许问题就完全解决了。即使对方态度冷淡，也没有什么了不起。一般的人得到异性的追求只会感到很高兴，不会令你难堪。

三是施展魅力，显示个性。并非拥有了极具吸引力的外貌就会受到异性的青睐。外表是天生的，而一个人身上所散发出来的气质是可以培养的。良好的气质是异性相互吸引的永久魅力。

四是保留一点神秘感。太过坦白对增进感情并无帮助。男女之间的吸引力来自对方的神秘感。保留一点个人的小秘密，令对方不时有新的发现，更可以让对方有想要进一步了解你的意愿。

表白之后，如果你向喜欢的人表白，而对方表现得无动于衷，那么对方并没有喜欢你的意思，你就可以用玩笑的话一带而过，祝福对方愚人节快乐。你们两个人不至于太尴尬，但是你一定会在对方心中烙下印记，并且对方以后也很有可能注意到你。如果表白之后你能看出对方也有喜欢你的意思，对方一般会表现出两种心情：生气或者质疑。生气是因为你选择把神圣的表白用在愚人节，对方会认为你并没有很认真地面对感情问题；质疑是因为愚人节这天的表白是否真心和有效。既然对方也对你表示出好感，你可以当即表示你说的话并不是愚人节的一个玩笑，让对方感觉到你的真心。你也可以到4月2号再联系对方说：今天已经不是在愚人节了，我愚人节说的话都是认真的。对方了解了你的真心，就会相信这份爱值得期待。

愚人节是表白的良好时机。聪明的你要做到察言观色，把握好尺度。这样一来结束苦恋，开始你的爱情之旅就为期不远了！

七夕节折射都市白领爱情观

七夕佳节，牛郎织女一年一度重聚首依然不变，然而改革开放以来，中国人的爱情观却栉风沐雨几经变迁，每一个年代的婚恋都呈现出不同的色彩。七夕节虽然并不是真正意义上的情人节，但借此契机，白领们脱下正装、抛开烦恼，与爱人和朋友度过了一个轻松愉快又浪漫温馨的假期！

在工作多少年才准备结婚的问题上，几乎所有的男性职场人都表示十年左右或者待定，“心未定，也结不起。”而七成以上女性职场人则表示三至五年结婚比较合适。对于职场人而言，有对象和没有对象差别很大，而结婚与未结婚也处在两个不同的世界里，他们都有属于自己的精彩故事。

平常工作脚不沾地的周先生难得有一次假期，为了这次七夕过得更加有意义，他提前策划好了路线，备好了零食，带着女友开赴木兰天池。借着七夕的机会，他想给自己放假，也好好陪陪女友。平常工作忙，在一起的时间也少。旅途结束后，周先生觉得不虚此行：“空气很新鲜，农家菜也很美味，女朋友很开心。”

李先生则把七夕过得颇有创意。为了让女友收到更多的祝福，李先生花钱让来自全国各地的99位网友给女友发出短信：“你好，我是你家‘猪宝宝’的朋友，‘猪宝宝’托我告诉你：虽然这是你们的第一个情人节，今年他也没法常常陪你，但是请相信，他是爱你的。祝你们幸福甜蜜！”收到短信的女友感动得流下眼泪。

与幸福甜蜜的情侣们相比，陈先生显得比较“悲催”：公司临时通知要加班，他只有在办公室度过了。幸好陈先生是单身，虽然无人陪过七夕，却也通过微博参与了互动活动。

谈起结婚的话题时，职场新人李小姐一脸茫然，虽然跟男友相处不短时间，却没有细想过婚姻。“还是以后吧，说玄乎一点，就是一切机缘成熟后再结婚。我的父母也会催我早点结婚，但是我理解他们的矛盾心理。一方面希望自己女儿能找个好归宿，希望女孩子不要吃太多苦，可另一方面也明白找到这样的伴侣并不容易，万一男方条件一般，也无可奈何。”“最能拉动房价的，是丈母娘的刚性需求。”小李开玩笑说。“我觉得还是要坚持自己的选择，不能太受父母意见的影响。父母有父母的立场，虽说是为孩子好，但这又何尝不是对孩子的专断。我觉得，为了物质条件或者愚孝而委曲求全的选择，到后来苦果只有自己知道。”小李称自己不是一个功利的人：“我更喜欢靠自己的奋斗来争取幸福。整个社会都在传播继承的思想，人人利己，怕多付出。这会使我们的创造欲望淡下去，继承欲望反而会变强。”

林小姐初步把婚期定在了2013年。从大学开始，她就和男友开始爱情长跑，今年刚好是第七年。之所以选择在2013年结婚，是因为2013年她已经28岁了。哪个女人不想早点结婚呢？早点结婚就可以早点安顿下来，也可以早点生孩子，毕竟不再年轻了。林小姐的男友在某大型国有企业里，薪水不错，可在房价节节攀升的武汉，有车有房依然是一个比较遥远的目标。她觉得男方就应该多付出一点。婚房总要有夫妻房、儿童房、书房、客房吧？可就是这要求，让林小姐的男友犯难了，三室一厅的房子接近100平方米，而原计划的婚房只有70平方米。与职场新人希望通过婚姻规避社会压力、寻找心理寄托不同，林小姐笑言自己的动机很现实：“要在25岁之前把自己定出去，要不然就不好办了。”

徐小姐在省属机关单位上班，她自称结婚后很甜蜜。2009年毕业，2010年认识现在的老公，2011年结婚，一年一个脚印，徐小姐一副幸福中的小女人模样。“物质基础很重要，但不是最重要的一个因素。如果一个男人有能力有魄力有上进心，加上性格相投，哪怕没有房子，两个人在一起奋斗也挺好的。”徐小姐身边的朋友们就是这样，“他们在一起四五年了，现在感情依旧很好。没有房子就租房，努力赚钱、开心生活。”如今徐小姐和老公有了属于自己的家。除去上班，宅在家里就成了徐小姐的“业余生活”。“工作很重要，但我是女人啊，女人还是要以家庭为重的。”

点评与建议

中国人对恋爱和婚姻的看法，在过去几十年中发生着巨大的变化。一些诸如“剩女”、“经济适用男”、“闪婚”等与婚恋相关的新词汇层出不穷，在人们选择多元的同时，上述事例也折射出都市白领在巨大压力下情感的尴尬和无奈。

光棍节里主动单身不“脱光”

光棍节是一种流行于年轻人的娱乐性节日，以庆祝自己仍是单身一族为傲（“光棍”的意思便是“单身”）。1月1日是小光棍节，1月11日和11月1日是中光棍节，而11月11日由于有4个1，所以被称为大光棍节，一般意义上光棍节则指11月11日的大光棍节。

光棍节产生于校园，并通过网络等媒介传播，逐渐形成了一种光棍节的文化。光棍节文化包含许多专有名词，如：“光光”表示男光棍，“明明”表示女光棍，“脱光”表示男光棍名草有主，“失明”表示女光棍名花有主，“光复”表示重新回归光棍状态，“小鸟级”表示不是不想找而是找不到的级别，“菜鸟级”表示处于两场爱情的间歇期的那种，“肉鸟级”表示因各种原因而不想再谈恋爱但也期待真命天子的级别，“骨灰级”表示万花丛中过进而看破红尘的级别，“白骨精”表示最受瞩目的单身群落即身为白领、骨干、精英的女性。

光棍节文化还包括吃和玩。光棍节的吃别具特色。中国人过节总会在吃上面搞出创意来。四根油条就是“11.11”的四个“1”，包子就代表中间的那个点。这是光棍们的早点宣言，也成为光棍节的吉祥物。光棍节的玩也是花样翻新。除了在这一天以光棍的名义举办各种聚会之外，在这一天选择结婚、告别单身生活，是一项格外有创意的举动。认为从此后生活有了180度大转弯，同是四个“1”却取其一心一意、一生一世的含义，意义非比寻常。

今年已经28岁的心怡在一家网游公司做市场运营工作，从大学毕业之后她就再没谈过恋爱。刚工作的头几年，光顾着让自己稳定下来，一心忙着努力工作，后来就慢慢“剩”下了，现在虽然年龄大了，但她还是觉得感情的事情不能将就，可遇不可求的事情没必要给自己压力。她说她是那种从“被动单身”成功转向“主动单身”的典型。

心怡坦言虽然家人介绍的相亲机会也不少，但是她还是更相信缘分和自己感觉，“寻找真爱的路上，我并不着急‘脱光’”。事实上，在心怡周围的朋友中，主动单身已经是种潮流。

点评与建议

专家分析，从小就追求个性独立的当下年轻一代，他们对待婚恋感情时更看重思想的交流，喜欢跟着感觉走，要求有共同语言；就社会环境来说，由于多种原因导致了中国社会结婚年龄整体后移，加上如今不婚族、晚婚族的增多，这些都使社会对单身现象更加包容，年轻人对适婚年龄的焦虑感也在逐渐降低，“剩男剩女”已经不再代表着“老大难”。在为“剩斗士”们支招如何“脱光”时，最关键的一点是要务实。不能瞎挑剔，剩男剩女们应该先看清自己，对自我有正确的认识，方能找到适合自己的人。

二十五年的银婚之恋

一纸婚约，一担责任，一路风雨，一世情缘。和另一个人牵手，其实就是牵住了平凡的生活，结婚应该是一辈子的大事，在这一生中，两个人一定会遇到很多的困难，如果在这个人身上解决不了的，即使到下一个人身上也同样存在，不要期待用逃避的方法来对待婚姻，而要用耐心共同经营，经营婚姻有许多方式方法，其中一点就像我们日常生活中电脑系统出现漏洞时，要及时进行补丁，使其处于正常状态。归根到底一句话，婚姻是一个事业，不是简单的牵手。

在一个金秋送爽，阳光灿烂的日子里，程俊与爱人田蓝从东北老家乘火车来到北京旅行结婚。弹指间，二十五年安然而过，日月如梭，在匆忙中留下了风风雨雨的人生足迹。岁月在匆忙中逝去，青春在风雨中蹉跎，要问有什么收获，回过头来想想故事很多，这些故事伴随着程俊和爱人田蓝，苦辣酸甜风霜雪雨的漂泊，虽说不上精彩，但也谱写了自己的一首歌。

二十五年前，程俊没有提前看日历确定结婚的日期，只是计划那年秋天结婚，装修新房，制作家具。程俊记得是请一个木匠来家做的家具，前几年他的妈妈就提前给买好了一根落叶松木材，做了一套组合柜，有大衣柜、书柜、梳妆台，组合柜是程俊自己设计的，弟媳在木器厂上班，是美工，她在家具上雕刻“龙凤呈祥”的木刻画，非常漂亮。沙发及沙发床是弟媳给做的，沙发是红色人造革面，沙发床是弟媳去齐齐哈尔给买的带熊猫图案的沙发布包的，非常时尚。新房的地面是在水泥地面上涂刷的红色地板漆，地板漆是单位同事帮助刷的，还给打了地板蜡，就跟铺的红地板一样。旅行结婚的头一天晚上，程俊的家里做了两桌饭，请来了家里亲属和要好的朋友，宣布他们明天旅行结婚。

第二天早上，好多亲朋好友都来给程俊他俩送行。大家都说程俊非常有福气，娶了这么一位漂亮又年轻的媳妇。田蓝那天穿着红呢子上衣，裤子是自己做的，是蓝色呢子料的，那个年代，呢子料算是比较好的衣料了。程俊的哥哥在一家单位开车，那天正好去齐齐哈尔送货，早晨哥哥开车来家拉上他们，他俩就坐在那辆日产“五十铃”的副驾驶座上。“人逢喜事精神爽，春风得意马蹄疾。”他俩便满心欢喜地开始了幸福快乐之旅。

程俊在单位请了十天假，他当时在财务室工作，因为月底要结账，所以要赶月底之前回来。他们在北京玩了一个星期，10月28日返回。那些天的幸福和快乐时光令程俊和田蓝一生都难忘，现在想起好像就发生在昨天一样。时间过得真快，转眼间二十五年就过来了。

中午，程俊给爱人买了一束鲜花，因为她最喜欢花。顺便在“麦当劳”快餐店买了两个鸡腿汉堡。下午他俩一起去做中医理疗，晚上在她最爱吃的山西削面馆吃饭，因为都不喝酒，用两个碗碰了一下，祝贺他们二十五年的银婚之恋。

程俊对爱人田蓝说：“等到我们金婚时，我们拍一个婚纱照。”田蓝的眼里含着泪花说：“我看行！”……

秋天是一个收获的季节，程俊和爱人田蓝收获了爱情，收获了银婚，收获了幸福。

点评与建议

一分耕耘，一分收获。趟过银婚之河，金婚之河又在面前闪烁出粼粼金光。无论还要经历多少艰难困苦，也无论人们对婚姻如何地议论纷纷，尝过婚姻果实的人，最能体味其中的甜美，连苦涩之味也能败火消毒，是婚姻路上必不可少的苦口良药。期盼与爱人继续携手前行，蹚过婚姻的金河，在金婚的彼岸金袍加身，修成正果。

五十四年相守相伴疾患爱侣

生活本来就是平平淡淡的，它不是风花雪月的浪漫爱情，婚姻生活就是由柴米油盐、穿衣吃饭、数钱睡觉这些实实在在的细节琐事构成的。台湾著名作家三毛说过：“爱情如果不落实到穿衣、吃饭、数钱、睡觉这些实实在在的生活里，是不容易天长地久的。”

几乎所有金婚老人就是这样实实在在地生活，他们也曾争吵、打闹，甚至闹到要离婚，但他们的感情已经是血浓于水的亲情，你中有我、我中有你，早已无法分割。就像下面这个故事中的王洲和林兰，平淡之中见真情。在这平淡的生活中，两个人彼此相依相伴、不离不弃地走到金婚，这真是一件不容易的事情！

丈夫王洲今年76岁，妻子林兰今年77岁。老夫妇俩可是货真价实的金婚！丈夫和妻子两人的年龄加一起都快一百六十岁了，结婚也已经五十四年。

妻子视力不清，丈夫就成为了她的“眼”。“你是我的眼，带我领略四季的变化，你是我的眼，带我穿越拥挤的人潮……”歌中温馨真挚的唱词让人每每动容。在现实生活中，就是这样一对老人，他们相伴度过了五十四个春夏秋冬，他们执手穿过H市的大街小巷。

在一起生活那么久的老两口，磕磕碰碰总是在所难免吧，但是他们几乎不怎么吵架。一旦有了分歧，他们还有着一套独特的处理办法。每次要是谁发了脾气，另一个就自动选择沉默，一方看到另一方不说话，一会儿气就消了，这已经成为他们约定的生活方式了。这么多年来，他们就是这样互相理解，一路走到今天的。这，恐怕就是老两口的“爱情秘诀”了吧。

老夫妇的生活并不如想象中的一帆风顺，丈夫王洲在2003年的时候就患上了面瘫，一直由妻子照顾。可没想到，就在2004年的时候，一次意外的摔跤却让妻子林兰的眼睛出了问题。自从那次摔了以后，林兰就开始出现视力不清，有时候都看不见东西。2005年，林兰又被确诊为患脑梗死伴糖尿病，彻底生活不能自理，行走只能靠拐杖和别人搀扶。

王洲一句怨言没有，毅然担起了家庭生活的全部，他说：“我们这么多年就是相互扶持走过来的，以前我身体有病，她照顾我，现在她身体不好了，轮到我来照顾她了。”

从那以后，家里的日常生活，包括妻子的起居都包在了王洲的身上，虽然两个人身体都不好，但却显得很乐观。

在一起聊聊天，是两个人最开心的时候。妻子有时说：“你太累了，如果有一天，你也不能照顾我了，我该怎么办啊？”

每当遇到妻子这样的问题时，王洲总会笑着说：“不会的啊，你想得太多了。我会一直照顾你的。”

现在，王洲每天早晚都牵着妻子，一起出去散步。他们五十多年一路走来，生活中的点点滴滴都会给他们带来快乐。有时他们也会聊聊年轻时候的趣事，王洲认为这也是为了缓解妻子的思想负担，让她能够早日康复。

在这对老人的口中，人们最常听到的一个词就是“知足”。“我们现在已经很知足了，两个人能在一起，就是幸福。政府也给我们办理了低保，每个月的生活有了保障。逢年过节还会给我们送东西。生活虽然很平淡，但我们觉得挺好。”王洲说，他现在最放心不下的就是妻子的身体。现在他们所在的社区康复站已经建立，志愿者们也定期帮助林兰做康复训练。“相信在大家的帮助下，她的身体一定会一天天地好起来的！”

点评与建议

“执子之手，与子偕老”这是多少人对爱情和婚姻的向往和憧憬。人们把金婚比做黄金，但婚姻其实比黄金更珍贵。毕竟两个人牵手走到一大把年纪，要经历太多的坎坷，太多的悲喜，太多的酸甜苦辣。婚姻之路确实没有任何捷径可走，它需要两个人一起去面对生活的风风雨雨，苦要吃，乐要享，情难断，这就是婚姻。

正如电视连续剧《金婚》中最后出现在两个老人金婚典礼上的对联一样，让人感动，更让人深思：半世纪牵手，养儿育女柴米油盐，苦也恩爱，乐也恩爱，磕磕绊绊终不悔；五十年同心，事业家庭酸甜苦辣，苦也甜蜜，笑也甜蜜，风风雨雨永相随。

第七章
拜金婚恋，追求物质也疯狂

随着“拜金”的行为和言论一次又一次被推到舆论的风口浪尖，人们不禁慨叹：在日益功利化和物质化的今天，纯粹的爱情已经变得黯淡和脆弱，婚姻在不经意间掺杂了太多的金钱、利益与权势的因素。中国人拜金婚恋观的产生，源自于弱者害怕权利受侵害的不安全感，“拜金女”相对更多则是源自于她们比男性更缺乏自信和安全感，更依附金钱的保护。高额的房价，飞涨的物价，沉重的生活压力，父母、个人的心理期望以及同龄人之间的攀比等因素，都是造成拜金婚恋观的原因。在现代社会中，拜金婚恋观已然不是一个耻辱的标签，相反却成了部分人口中“难以否定的现实”，难怪少数人在表达拜金观点时照样理直气壮。

“拜金女”复杂曲折的情感历程

靠金钱砌起的情感并不牢固。虽然在这个物欲横流的社会里，我们不可忽略金钱的重要性，但是人与人之间的真情却是无法用金钱来衡量的；如果硬是要把两者进行比较，我们只能说真情无价了。有的人由于根深蒂固的拜金思想倾向，错把金钱的付出等同于情感的付出，在物质金钱的进攻下，缴械投降，走进了一段错误的婚姻，最后以失败告终。

28岁的金欣经历了复杂曲折的情感历程后，对男人失去了信心，而来自各方面的经济压力让她的生活轨道发生了偏移，使她只对钱感兴趣。她自己坦然承认，她爱钱，喜欢物质丰盈的生活。

两年前，金欣在泉州一家建筑公司当会计，在那里她认识了曾有。曾有是玻璃公司的一个小老板，来金欣公司谈业务。当时金欣年轻、美貌、聪明，曾有整天围在她身边转。尽管曾有有着三寸不烂之舌，但金欣并没被他感动。因为口说无凭的爱情金欣并没有看在眼里，她认同愿意为女人花票子才是货真价实的“爱”，这是她那“拜金老妈”教她的。金欣觉得老妈的话并没有错：女人之所以在“钱”上纠结心思，是希望用“钱”看透男人心底爱的真相。如果在刚开始追求阶段，一个男人都不愿为你花钱，说明他没打算跟你有后续发展。

不过，曾有并没有让金欣失望，在正式追求金欣的第二个星期，曾有就隔三差五给金欣买名牌包和衣服，不管去哪里出差，都会给她捎上名贵化妆品。几年以后，她的柜子里竟还剩下许多件未曾穿过的衣服。

在金欣看来，那些愿意为女人花钱的男人，除了爱和愉悦的成分外，还有就是男人觉得，这个女人是可靠的，是能够踏实于爱的。谁都不愿投资无所回报，对于有能力又舍得为自己花钱的曾有，金欣的心动了。曾经有好友对金欣说曾有并不实在，金欣却认为别人是“吃不到葡萄说葡萄酸”。

然而，就在快要结婚的时候，曾有竟然连3万元聘金都拿不出来了，这可惹火了金欣的老妈，直逼曾有去借来才罢休。曾有囊中羞涩让金欣很不明白：自己所在的公司跟他合作，他业绩做得很好，提成都很丰厚的，怎么会如此呢？结完婚后金欣才发现，会赚钱的他同时也是一个很会挥霍的人，一笔几万元的提成拿到手就马上挥霍掉了。

让金欣无法忍受的是曾有的背叛。有一次下班回家，金欣竟然发现自己的老公跟公司做饭的阿姨两人在床上……连长相普通的中年阿姨他都可以喜欢，真是“人尽可妻”啊！金欣差点儿气得背过气去！过后，曾有跪下来百般求妻子，可对这段婚姻，金欣知道自己没办法自信了。更要命的是，两个月后，金欣发现自己怀孕了。后来，曾有也确实悔改了好一阵子。为了孩子，为了这个家，金欣就原谅了他。

为了保障生活，金欣向老妈借来3万元开了家玻璃店。这3万元是结婚时曾有拿过来的聘金。玻璃店开张后，金欣每天努力地工作着，为生孩子做准备。有一天，有个人跑来店里向金欣讨债，说曾有在他酒店消费了3万元没有还，金欣进一步了解到曾有是个本性不改的人，他仍然背着自己的老婆跟其他女人鬼混在一起花天酒地，赚的钱不够花还透支！可是为了肚子里的小孩，她知道她不能崩溃。怀孕六个月时的一天晚上，金欣肚子痛，还小出血，她就打电话给曾有，没想到曾有竟然到凌晨5点多才回家。所幸的是，肚子里的孩子并无大碍。对这段婚姻，金欣真是深感绝望！

生完小孩后，金欣把孩子交给老妈带着，她也开始放纵自己了。

金欣隔壁店的一女孩就整天约她到各种娱乐会所去。

在一家KTV，金欣认识了一个经理，他对金欣表示了好感。慢慢熟悉后，他对金欣展开了猛烈的攻势。认识金欣没多久，他就送了金欣一部4000多元的手机，本来对他颇有好感的金欣开始接受了他的给予。因为金欣的玻璃店经营得还可以，他就怂恿金欣买辆车，结果他开着金欣的车到处横冲直撞，惹了很多事还得让金欣去处理。他知道金欣的玻璃店能赚点钱，就整天打着从金欣身上捞点钱的主意。

金欣觉得跟这个经理谈感情真“伤钱”啊！自己不是富婆，养不起这种“小白脸”。可是当金欣想退出时，竟然发现自己又怀孕了，而有妇之夫的他听到后吓坏了，赶紧说他有个非常凶悍的老婆，他也离不开他女儿且他不可能跟她在一起之类的话。

清醒了的金欣除了跟前夫离婚，还断绝了和这个经理的关系。金欣没想到自己又在感情上栽跟头了，而且是“倒贴”的！既然付出得不到回报，那就让别人为自己付出吧，“坐享其成”应该是幸福的。金欣这样想。

金欣自认为长得白嫩漂亮，对男人还是很有吸引力的。不久，金欣认识的一个客户成了她情人。他是一个装潢公司的老板，老婆是乡下的，家里已有两个孩子。这个人说自己跟金欣在一起才有恋爱的感觉。说真的，他人高马大的，但金欣觉得他缺少内涵，她并不喜欢他，但他对自己好，舍得为自己花钱，对她儿子也是视如己出，金欣想反正这样的好事不接受也是浪费。后来，金欣觉得这个人死心塌地对自己，就认为很“安全”，她就要求他离婚。他也愿意跟结婚十来年的老婆离婚。没想到他的哥哥，一个受过高等教育的公务员就找上金欣，冷嘲热讽地想让金欣离开他弟弟。换成以前，金欣可能委屈得掉眼泪跑开了，可现在的金欣脸皮厚得很，对他的话置之不理，还有种破坏别人家庭的成就感，因为她也曾经被别人破坏过。

后来，这个老板把房子孩子还有很多钱都留给了他老婆。离婚后，金欣就立即让他给自己买套房子并付首付。刚开始他没有答应，他对金欣是有戒心的。因为跟他在一起的同时，金欣还跟一个租赁公司的老板在一起。后来经受不住金欣的哭闹，他也就乖乖地给金欣买了套房子。

不过，金欣和这个人之间有很多矛盾，互相不信任互相猜忌。对于男人已失去信任的金欣，在他出差时也是心存怀疑，他每到一个地方，一定要用手机拍下照发给她，偶尔她会突击检查，马上订机票飞过去和他会合。有一次，有个女的打电话给金欣，说她是他的新女朋友。当金欣怒气冲冲地去质问他时，他说只是为了试验金欣是不是真正在乎他。平日里，他如果找不到金欣，也会到处打电话给金欣的朋友家人，直至找到她为止。金欣知道他是爱自己的，但他们相处得并不愉快。

两个人就这样耗着，金欣对他其实也是不冷不热的。他一直要结婚，可对婚姻金欣已失去信心。金欣不想放弃他，归根到底是放不下他的“金钱支柱”。

金欣其实也有很多苦衷。母亲是一个见钱眼开的人，包括帮她带孩子，也是要给很多的生活费，如果晚给或少给了，就会大发雷霆。她的大哥前几年到外地去打工，除了第一年寄生活费后，就再也没回来了。据说在那组建了家庭。金欣的父母觉得有愧于大儿媳和孙子，就什么都顺着这娘儿俩。金欣在经济上也要给大嫂和侄子以帮助，她的化妆品或者衣服，只要大嫂想要的，都可以不说一声就拿走。金欣的弟弟和弟媳没有工作，她就让他们在自己店里帮忙，弟弟和弟媳每个人一个月3000元的工资还不满足，一直唠叨。金欣还有个不争气的妹妹，大学毕业两年后一直都没找工作，也是窝在金欣的家里。她让妹妹来店里帮忙，可老妈却说：“小妹大学毕业生，怎么是干你那种活的？”

作为长女，家里所有的开销都要金欣负责。现在，老妈听人介绍说有个老板有钱，就拼命地要让金欣和他在一起。可金欣一时间不知道如何选择，老妈提这事儿已经几次了，现在她更加觉得钱是最重要最可靠的！

几天后，金欣还是和那个有钱的老板住到一起去了……

点评与建议

错误的选择，伤痛的经历却未能使我们的女主人公金欣幡然醒悟，而是执迷不悟地坚持着自己的“信念”，把错误进行到底，最终把自己弄得遍体鳞伤。不要怪“爱情”伤害了你，其实能伤害你的只有你自己，“对爱情，我只索取不付出”，试问你对爱情的态度如此，又怎能期待别人对你真情以待呢？而且这种不负责任的态度会伤及自己与对方，同时也可能对下一代带来影响，难道你希望孩子延续你的伤痛，把对爱情的否定带入他的人生中吗？相信人间有真情，要想得到真爱，还是先付出你的爱吧！

做个聪明的爱情“拜金女”不容易

如果把拜金看作一种生存智慧，“拜金女”至少算个中性词，但因为有了赤裸裸拜金的傻女，它就成了非常彻底的贬义词。

玉兰身材高挑，长相漂亮，在一家外企工作。薪水还行，但工作压力很大。经历过两次失败的恋情后，玉兰决定放弃对浪漫爱情的追逐，做一个彻底的拜金女。

玉兰原本觉得自己的要求很低，目标很明确，应该有很多长相“歪瓜劣枣”的富二代和戴着翡翠戒指的离异、丧偶富大叔排队等着娶她。可她发现，他们愿意让她坐他们的豪车，住他们的豪宅，请她吃饭，给她买衣服，却丝毫没有跟她结婚的意思。每当她向他们抱怨工作很累，工资很少，想嫁个有钱人做全职太太时，他们要么顾左右而言他，要么板起面孔教育她要独立、要奋斗。

玉兰认为，自己是个简单的女人，不过想找个长期饭票，从此小鸟依人。可男人，尤其是有钱男人，不知为什么那么复杂！

最近，玉兰认识了一个年轻企业家。在约会时，玉兰点了龙虾，恰巧胃口不太好，只吃了几口，可这个企业家竟然说“太浪费”！从那以后，他就没再约玉兰，还跟玉兰的朋友说，她看中的是他的钱，不是他的人。玉兰心想这些男人也太敏感了吧？虽然她确实是看中他的钱，但这跟点龙虾有啥关系？以前，玉兰觉得自己放不下身段做拜金女，现在却觉得做个修成正果的拜金女真的好难哦！

点评与建议

当一个有钱男人想跟一个女人结婚时，他最不希望她看到他的钱，因为他不知道自己会不会一辈子有钱，也不知道她会不会再遇到一个更有钱的男人。

当爱情遭遇到了拜金主义

有钱大方的男人愿意和年轻漂亮的女人在一起，那是本能而不是爱情。爱情的原理是排他、理解、担当、奉献，这些在金屋藏娇的情欲关系里不可能存在。女人如果指望男人的钱过终生，就犯了方向性的错误，因为这并不能导向幸福人生。

丽媛的身份很特别，说出来肯定会被正统的人们痛骂。不过，她觉得她付出的也是很真诚的，至少在对待感情的问题上。

丽媛自己也知道自己不是个好女孩，很早就因为爱玩、不爱读书而迷失了自己。她的妈妈早就不在了，爸爸有了新家庭，根本没精力管她这个青春叛逆十足的女儿，只好随她的性子去闹。虽然她也上过大学，但在那种民办三流学院是学不到什么知识的。而当时在跟异性的交往中，她确确实实属于很傻很天真的那种。那时候，她没心思读书，常常逃课跟一帮在各种场合结识的男男女女结伴出去K歌、泡吧，整个就是醉生梦死的感觉。

早在大学四年级时，丽媛已经是一个品牌啤酒的推销员了，钱赚得多了些，也会打扮了，加上身材好，常常被一些好色的客户叫去喝酒，说陪喝一杯就多点一箱。人有时很难抵挡诱惑的，她慢慢学会了应酬和虚情假意，有时只为了一支向往已久的名牌口红，她也会毫不犹豫喝下一杯再撒撒娇，以期推销出更多的啤酒，获得更多的提成。

也许就是看上去很开放的样子吧，丽媛被一个色迷迷的男人盯上了，在一次酒后失去了女人宝贵的第一次。于是，丽媛开始破罐子破摔……

丽媛真想像《复活》里的马斯洛娃一样，可以愤怒地遣责玩弄女性的骗子，不过现实却是有个猥琐的家伙想继续和她的关系，她却断然拒绝了。他是一个小老板的儿子，整天吃喝玩乐不务正业，她才不要呢！但她也绝不想便宜了这个浑蛋。

报复的念头一旦生成了就没法再消除。丽媛略施小计，逮着一个机会跟一个平常很要好的哥们儿哭诉了她的遭遇。于是那个家伙就在某次半夜从酒吧出来时被人蒙住脑袋臭揍了一顿。后来，她跟那哥们儿很快热恋了起来，但这个哥们儿也属于那种小混混，她跟他肯定不会有结果的。在发生了几次有始无终的关系之后，她跟他分手了。

大学毕业以后，丽媛和大学时的学长恋爱了。学长学的是市场营销，毕业后比较顺利地找到了工作，就是跑销售，很辛苦，但他很能吃苦。她之所以选择他，是因为他为人厚道，性格很温和，很会照顾人。他刚开始工作时只能拿点儿底薪，但他竟然省吃俭用给她交手机费；在她刚毕业不好找工作很苦闷时，他给了她很大的精神慰藉。当时她觉得，有这样的人来陪自己走以后的人生是非常幸福的。可是，随着时间的推移，她的幸福感在慢慢消退。现实就摆在那里，她阻挡不了。

首先，拮据几乎是丽媛和学长生活的常态。两年了，他仍旧是他们公司一个底层的销售员，而她作为一个文员月薪也不多。大城市里不菲的房租几乎占据了他们收入的三分之一，加上吃饭等必需的生活支出，月月所剩无几。大学里一些混得好的同学都开始买房了，而他们却还在为温饱奋斗。她觉得男人应该有担当，他那种性格不太适合做销售，应该积极转向去寻求适合自己的发展路子。可她多次提醒下他却无动于衷，他好像对现状很满意的样子。每天下班就往电脑面前一坐，沉湎于游戏。他还喜欢做饭，做家务，很像居家男人的样子。这种优哉的生活是要靠经济实力做后盾的，当她为换季买一件新潮衣裙而囊中羞涩时，他在菜场买菜为几毛钱跟老头老太太斤斤计较时，当他们连看一部大片都要斟酌再三时，她真的感到悲哀。

贫贱夫妻百事哀，没钱怎么浪漫？没能力在这个城市拥有真正属于自己的一个小小的家，她和他的爱情保险期能有多长呢？于是，丽媛打退堂鼓，和他分了手。

分手后的丽媛无聊得很，渐渐迷上了上网。有次她在网上碰见一个女人，聊得很投机，就约了网下见面。结果，那个女人把她诓骗到了一家宾馆，那里有一个中年男人在等着她……

丽媛并不恨那个女人，反而有些感激她。因为这一夜情，丽媛爱上了这个男人，这个男人也很喜欢她。丽媛知道他有家庭，妻子是海归，她自己开了家公司，孩子在寄宿学校读书。他原来是大学老师，后来辞职在妻子的公司担任了副总，但他不善于经商，帮不了妻子什么忙，渐渐就被边缘化了。他说仰人鼻息的生活很郁闷很没有自尊，但他又没别的本事，所以就整天吃吃喝喝玩玩消磨时间。他说他也是在网上认识那个女人的，那个女人说要给他介绍女大学生认识，他一时好奇就答应了。他说这是他第一次也是最后一次，因为他觉得丽媛是他唯一喜欢的女孩。哪个女孩听了这些会不受感动呢？丽媛同样感动万分！

他为丽媛花钱从来不会吝啬，给她租了豪华公寓，每月生活费也准时打进她的卡里，他也有大把的时间陪她，她感到幸福极了。她甚至想自己也不想有什么名分了，只要永远像现在这样就好了。

可事实证明丽媛想错了，男人对待没有契约的感情比有契约的更加随便。前阵子，他来她这儿渐渐少了，对她也没有以前那么殷勤了，她给他打电话，他总是说很忙。她偷偷去他公司跟踪他，却常常跟丢，好几次他下班后开着车一下子就没影了。上周他好不容易来她这儿，她装作根本不介意他冷落自己的样子，问长问短。等他去洗澡的时候，她查看了他的手机记录，挑了一个打进打出最频繁的号码拨了过去。一接通，就听对方一个娇滴滴的声音说：“老公你是不是回家见你老婆去了？”她的脑子“轰”地一下全乱了，手忙脚乱地挂了电话，坐在那里发呆。原来，他真是妻妾成群啊！怎么办？

丽媛一直在思考这个问题：自己要揭穿他的秘密跟他闹翻吗？结果会是什么？分手？那自己现在拥有的一切马上就会消失，自己能接受这种落差吗？要么把秘密捅给他的正室大老婆？让他死得难看一点儿？气是出了，但这样对自己又有什么好处，如果他被扫地出门，自己正在享受的一切还是会消失。装作不知道？隐忍？结果还是不好预测，万一他厌倦了……总之，她的生活就要发生变化了，她却不知道如何应付。而如果她选择放弃，那今后的生活谁来保障？丽媛六神无主……

点评与建议

不要指望寄生能永久。女人不能一辈子靠男人养活，这是一条颠扑不破的真理，你越早知道就越好。贫穷固然有损生活的美感，但富贵并不能直接带来幸福。把物质凌驾于情感之上，大有可能收获失望。

多金爱情存在更大的风险

对于金钱盲目崇拜，把金钱视为最高价值的“拜金女”，以金钱来衡量爱情、婚姻，往往是以自身作为交换，换取物质享受，只是在满足了虚荣与欲望之后，将要面对的是苍白的爱情与婚姻，因为商品化的爱情终究是没有温度的。

爱情不是交易，婚姻也不是商品，标价出售后，在获得更多利益的同时，也出卖了自己的尊严。物质所堆砌出来的爱已不成爱，情已不是情，只是一场虚幻的繁华，所谓的幸福也只是泡沫，终有破碎的一刻。下面这两个例子就说明了这个道理。

因为工作关系，小A接触的皆是多金的成功人士，渐渐有人追求她，虽都不如她男友帅气，但出手阔绰，在她来看也分外潇洒，大捧的鲜花，名贵的礼物，浪漫至极的约会，她不禁心动。见多了出手大方的多金者，回头再看精打细算，节约度日的男友，那么英俊的一个男人，里里外外却透露出寒酸之气，她觉得再也无法忍受，她渴望豪宅、名车、锦衣玉食的生活。

小A毅然离开相恋四年的男友，投进一个“钻石级”中年富商的怀抱，此富商倒是毫不吝啬，房子、车、首饰、各种名牌，送得极潇洒，让她终于过上了梦寐以求的生活。

渐渐有了阔太感觉的小A，向富商透露出结婚的念头，富商便皱了眉，斥她不懂规矩，要钱可以，要婚姻是万万不能，让她断了念头。小A心生幽怨，怨他不爱她，换来富商冷笑与嘲讽，她又爱他多少，不过是爱他的钱，而他花钱买了她的人，一场交易而已，爱情才是多余的。

后来小A才从富商处得知，他早有家室，自己只是他养的莺莺燕燕中的一个，哪有什么爱情，哪有一点真心实意，不过是银货两讫的交易。

小A的豪门梦已碎，伤心之余便开着名贵跑车四处乱逛，却在街上偶遇前任男友揽着个温婉女孩，笑容温暖而纯粹。此时开着跑车的她，却分外怀念曾经坐在男友自行车后座时的快乐。只那一瞬，小A的泪终于落下。

小N虽出身贫寒，却是花容月貌，但她从未谈过一次恋爱，哪怕遇上喜爱之人，也隐忍着，只为了能有更多筹码钓到金龟，刻意保持着身家清白。

也许是她运气好，也许是多年努力有所回报，还真让她钓到了金龟婿。此金龟其貌不扬，唯一优点就是钱多，恋爱谈得不咸不淡，金龟看小N如此漂亮却从未有过感情经历，倒是欣喜，动了娶她的念头。

一场极盛大的婚礼，满足了小N的虚荣心。婚礼上小N流了泪，别人以为她喜极而泣，其实她是心中酸楚加感慨，从此便可跻身有钱人的行列，她终于扬眉吐气了一回。

成为金龟夫人的小N，生活可谓变了个翻天覆地，吃穿用度极尽奢华，原本还有份不错的工作，婚后干脆辞掉，做起了全职太太。

几年下来，原本靓丽的小N也慢慢失了当初的风华，金龟忙着赚更多的钱，经常不回家，她即使再喜欢花钱，也有乏味的时候。

渐渐地，坊间盛传金龟的花边新闻，今天携了这位姑娘，明天揽了那位小姐，传到小N耳朵里时，金龟身边来来去去已经换了很多女人。她不是不伤心，而是无法去管束，只能任他胡作非为，安慰自己他只是逢场作戏而已。

起初，金龟确是在作戏，谁知他渐渐入了戏，爱上一个年轻女孩，哪怕要负担高额的分手费，也要与小N离婚，娶那个女孩。几番折腾，小N筋疲力尽，不得不签了字，拿了钱，卷了铺盖离开那个金窝。

金龟最后告诉小N，从未真的爱过她，不过是想娶个清白女子，他也不是傻瓜，知道小N嫁他图的是大把钞票，就等同买卖，一买一卖，哪怕结束交易，谁也不曾损失。

小N欲哭无泪，有时对镜良久，心中空荡，渐生迷茫，不知镜中那个憔悴的人究竟是谁，如此熟悉，却又如此陌生。

点评与建议

上述故事中的小A与小N皆是金钱至上的“拜金”，她们不负责任地做了一次爱情与金钱的交易，得到了她们渴望的东西，物质需求得到了满足，金钱给了她们看似华美的光环，掩盖住了内心的空洞，待光环消失，就会暴露出背后的不堪与痛苦。错误的价值观，一次错误的决定，她们的尊严便被金钱赤裸裸地践踏，失去的是幸福，得到的是悔恨。若真把爱情当商品，这绝对是一次亏本的买卖。

事实证明，金钱不是衡量幸福的标准，而能影响幸福的因素却是不论贫富，两个人若能相容才能相爱长久，长久才能称为幸福。只有谨慎而认真地选择最适合自己的那个人，认真地经营爱情与婚姻，才能收获到真正的幸福。

高额彩礼钱让完美爱情打折

金钱与爱情的天平该倾向哪端，这个问题并不新鲜，由此引发的烦恼却连绵不绝。现在有不少女士都面临“彩礼钱”的烦恼。要了彩礼钱的女士被男方说成了贪钱，不要彩礼钱的女士被男方说成了“贱”，要与不要，似乎都很不妥，这烦恼真是剪不断理还乱。

丽颖今年29岁，婚姻大事已经不是她个人的事了，而是她的整个家族的大事。2010年的4月至5月，丽颖每周至少会相亲两次。亲戚朋友多，给她介绍的对象良莠不齐，她在相亲近二十次仍无结果时，亲友都劝她眼光放低点，在30之前将自己“售”出去。事实上并不是她挑剔那些男人，而是他们大多看不上她。

有一理工男，家是农村的，无房无车。见面时，丽颖刚换了款苹果手机，还不太会使用，他很有耐心地指导她，两人算是相谈甚欢吧。不想那次见面后，他竟不再与丽颖联系。因为他教她用手机时，登录过微博，丽颖便翻开他的微博更新，结果她看到这样一句话：“坐在女人车里，被女人送到家门口，衰！”

有一名国企小领导，收入不算高，但人长得很帅气。丽颖和他见了面，双方感觉都很好，并且聊得也很投机。后来，他们还在网上聊过两次。他很含蓄地说她是个很优秀的女孩，希望和她做朋友。后来介绍人说，他觉得丽颖过于漂亮，担心守不住。

……

丽颖就这样在相亲上磕磕绊绊，直到2011年6月1日。这次介绍的人叫吴志，32岁，在事业单位工作。吴志一见到丽颖，就送了她一个小玩偶，祝她儿童节快乐。丽颖被他逗乐了。接下的事，丽颖觉得可以套用周迅曾说过的一句话：他满足了我对男人的所有幻想！

吴志高大，帅气，浪漫，多金。仅两次约会，丽颖便觉自己爱上了他。第三次约会他带着一个孩子，丽颖这才知道，他是一个离异男。她心里有些不舒服，可仔细一想，如果不是经历过婚姻，他也不会如此完美，而且孩子也是跟着母亲。

没多久丽颖就发现，他前妻总是以各种理由让孩子找他要钱，一个月之内就能以学英语，学钢琴，学画画，学围棋为理由要去2万元。孩子才5岁，需要学那么多吗？

和吴志恋爱的第一个月，丽颖以为孩子正好碰上缴费的日子，就没在意。可第二个月，那孩子依然能以各种理由要去1万多元，其中的一个理由居然是他要给妈妈买一条项链作为生日礼物。丽颖想着一个离婚女人带着一个孩子也不容易，自己又不缺钱，虽然心里不舒服，也没说什么。

2011年冬天，他们带孩子去海南玩，在免税店，丽颖看中一款手表，吴志说送给她。那孩子居然也要一块。吴志问你一个男孩子要女表干什么，孩子一扬头说："妈妈说了，爸爸有钱！阿姨买什么我就买什么！"

孩子无论做什么，都是天真可爱的，丽颖不会计较。她相信，一个对孩子和前妻如此照顾，如此大方的人，也会对她好。

2012年春节过后，吴志准备向丽颖父母提亲。他让她向父母探探口风，给多少彩礼钱合适。丽颖父亲没说什么，可母亲对丽颖说："99999吧，不是我要争什么，吴志对他前妻太大方了，你该争的还是要争的！"

丽颖觉得母亲说得也对。没想到吴志一口回绝了，他说："不是我小气，我离婚时只分得一套房子，虽然收入高，这几年也没存下什么！"

丽颖当时就生气了：她和他在一起的这些日子，他给他前妻、儿子的都不止这个数，到她这里就要节省了！

丽颖愤愤不平，想离开他。可真离开了，她又害怕找不到比他好的，毕竟她已经30岁了！但如果结婚，彩礼这件事将成为彼此心里的一个阴影。

点评与建议

结婚，本是人生一件美事，也是恩爱情侣们的终极向往。但现在却经常听说这样的事：一些临近结婚的新人，在双方家庭的参与下，因嫁妆、彩礼争执不休，最后分道扬镳。美国电影《结婚大作战》中，啼笑皆非地展示了两个女人怎样将一场婚礼变成二人的战场。现实生活中，因嫁妆、彩礼而产生的两个家庭的战争，让人啼笑，更让人痛苦，可惜又可叹。当爱情在彩礼面前变得如此脆弱时，那么结婚还有什么意义呢！

第八章
庆典婚恋，另类婚礼也疯狂

婚礼，对每一个年轻人来说都是梦幻与童话的结合体，一场另类婚礼牵动了不少年轻人的心，不仅让自己拥有了一生的美好回忆，同时也彰显了年轻的风格。相比之下，那些更尊重文化，尊重传统，懂得欣赏，懂得品味的人，则会去寻找中式传统婚礼习俗的回归。

象征“海枯石烂”的海底婚礼

千百年来大海以它独特的宽广、包容、深邃气质吸引了无数的情侣们来到它的身边互诉衷肠。如果能在海洋中举办一场婚礼、在海底举行拜天地仪式，那么对新人来讲真是最贴近地表达了彼此海枯石烂、永不变心的誓言。

举行海底婚礼的新人们身着彩色潜水服，迎着海浪进入海底的婚礼殿堂，没有宾客的参与和华丽厚重的婚纱，在最美妙的瞬间，甩掉呼吸面罩嘴对嘴亲吻，在海底许下幸福的誓言。这样的婚礼对新人的耐力、体力和潜水技巧是个大考验。身上数十斤的装备就让人难以轻松。倘若再想在水中做点什么求婚、戴钻戒的动作，如不经过几场演习是无法如愿的。由于水里不能说话，所以很多“海底婚礼”都要求新郎带上块写字板，或是新娘直接带上“我愿意”的牌牌。

新郎赵勇26岁，从事销售工作。此前从未潜过水，为举行“海底婚礼”专门进行了两次潜水培训，婚礼总时长约一个小时。他说：“她穿着洁白婚纱，像条美人鱼在水中慢慢向我‘游’来，比我知道的任何时刻都要美丽。”

新娘钱芳24岁，水族部潜水员。2010年3月进入海洋馆工作，一直憧憬大海，“海底婚礼”是她大胆浪漫的渴望。她说：“看他在水底笨拙的样子，心里漾满了感动。感谢他愿意为我上天入地，满足我对婚礼的最美丽憧憬。”

头顶是冒着泡泡的海水，身边是环绕着的缤纷热带鱼，当你置身在这样的水下世界，心中会升起何种感慨？新人赵勇和钱芳给出的回答是“海枯石烂，一生一世”。12月20日上午，作为这次“海底婚礼”的主角，他们在水下8米完成了结婚仪式，水底承诺、交换戒指、深情拥吻，一样不落。

20日，是赵勇和钱芳大喜的日子。亲友们得知婚礼地点在海洋馆，纷纷大呼意外：“海洋馆里结婚？这两人真够新潮的！”按照请柬提示，大家循着《婚礼进行曲》的乐声来到了海洋馆地下二楼。

隔着31.5厘米厚的水族馆玻璃，到场宾客静静注视着面前的“大海”。这是一个水深8米，最宽处为20米的“大洋池”，内部形态模拟了自然的大海生态。婚礼司仪站在宾客中间，依次介绍婚礼主角。旁边，一名工作人员手举提示牌，面向“大洋池”站立。原来，潜水员们无法听到外面的声音，只能靠提示牌和手势相互交流。

第一个出场的，是身着潜水服的证婚人，他从观众头顶的水面缓缓潜入水底。紧接着，身着潜水服的专业潜水教练引导新人，进入水下。为了应景，新人仍然穿着礼服。新娘钱芳的白色婚纱在水里随波漂荡。身着礼服的新郎赵勇动作稍显紧张，双脚在水中不时乱蹬，惹得橱窗外观礼的宾客哈哈大笑。

在水底站定后，新人挥手向到场亲友致意。玻璃橱窗外，宾客们报以热烈的掌声。尽管是水中婚礼，新娘的朋友仍然给新郎出了一道难题——必须在水中寻找戒指。入水前，在众人的起哄声中，新娘无奈“威逼”新郎：“找不到戒指，我就不嫁了。”

司仪一边介绍，工作人员一边朝“大洋池”里的新人举牌。新郎收到找戒指的指令后，立即向珊瑚区游去，但在水压下，新郎的动作无论如何都快不起来。专业潜水教练适时出现，新郎一用手指，教练就化身为发动机，带着新郎前往指定地点。最终，在一条护士鲨的肚子下，新郎找到了闪闪发光的戒指。

找到了戒指，两人在水下互换戒指。新郎几度想要单膝跪地，但这个在地面能轻松完成的动作，在水中简直就是高难度。几番尝试后，新郎微屈右腿，站立着给新娘戴上了戒指。

戴戒指、拜天地，仪式一样不落地在水底进行。仪式最后，司仪通过提示牌，要求新人深情拥吻。其实最难的就是在水里接吻。赵勇此前从未潜过水，在水下背着压缩空气瓶用嘴呼吸本就不适应，更别说还要摘掉呼吸器接吻了。为此，潜水教练专门对他进行了培训。经过两次培训，赵勇才掌握了诀窍——用嘴深吸一口气憋住，摘掉氧气罩迅速两唇相依，10秒左右后再戴上氧气罩正常呼气。教练提醒他们，接吻时不能太忘我，手里要捏住呼吸器，这是为了避免摘下呼吸器后无法及时找到。

深吻、展示婚礼证书，半个小时后，赵勇、钱芳在水下终于完成了婚礼仪式。两人绕场感谢致意后，缓缓浮上水面。“海底婚礼”完美谢幕。

点评与建议

选择有天、有地、有海相伴的结婚方式的新人们真正体验了一次勇敢者的婚礼，真带有一种“海枯石烂”的感觉。

值得注意的是，举行潜水的海底婚礼，适应拥有潜水设施的海滨地区，新人要有潜水证的。举行海底婚礼还必须事先挑选一个会潜水的证婚人，要预先了解风况会不会影响下潜，建议您挑选在海底世界举行婚礼，不会有天气的因素，水晶宫样的现场也是别有一番情趣。

在F1赛道上迎娶新娘

结婚的新人越来越多，千篇一律的外景地与酒店婚宴已经使不少年轻人感到缺少新意，他们表示，如果条件允许，自己也会选择特殊的方式举办婚礼。比如在赛场上为自己举办一个新鲜又特别的婚礼。

2011年4月16日，在某赛车场上，一场赛场婚礼正在举行。

寂静的F1赛道，突然传来隆隆的马达轰鸣声。循声望去，飞驰而来的不是F1赛车，而是一辆崭新的保时捷敞篷跑车。定睛一看，驾驶座上坐着的不是赛车手，而是一位满脸幸福的新郎官。在他身旁，身着一袭白色婚纱的新娘子从副驾驶座上站起，让头纱在手里展开，在风里飞舞……

世界顶级的赛道，色彩缤纷的坐席，居高临下的空中餐厅，蓝天白云，亲友的祝福——所有的背景都为喜结连理的这一对新人准备。新郎握紧方向盘，脚踩油门，簇新的保时捷跑车如离弦之箭在F1赛道上绝尘而去。为新人拍照和录像的摄影摄像们在后面紧紧跟随。适应了飞驰的速度，新娘将捧花高高举起，满脸灿烂的笑容。开车的新郎也一脸陶醉，让所有在场者人不自觉地感染了新人的喜悦。以开着跑车绕赛道拍外景的方式，这对新人正式宣告婚礼开场。虽然新娘的头发在高速奔驰后略显凌乱，但是提起在赛道上飞驰的感觉，她连连说“不错不错”。

新郎孙先生是这个赛车场的员工。之所以选择在赛场上举办婚礼，不仅仅因为这里设施很好，这样的方式也很新颖，以前还没人尝试过，更因为这对新人跟赛车有着不解之缘。孙先生在赛场工作，妻子一直是摩托GP和F1赛事的志愿者，他们两个就是在2009年的一场赛事上相识并相恋的。如此深刻的缘分使这一对新人毫不犹豫地选择在赛场举办自己的终身大事。在位于九层楼高的空中餐厅婚宴现场，赛车的元素也无处不在。逼真的赛车模型摆放在大厅入口的显眼之处，从窗口往下眺望，赛道的发车点尽收眼底。

点评与建议

这对新人的想法可谓创意另类而又新颖！每年五一和十一，常常会赶上赛场举办赛事，因而新人只能挑选其他时间段举办赛场婚礼。相信在不久的将来，更多的新人们可以在赛车场用最新颖最特别的方式见证自己的幸福。

“80后”新人玩转另类婚礼

如今，“80后”正处于20多岁的结婚年龄，与以往父母包办的婚礼不同，“80后”的婚礼不仅自己做主，还玩起了另类，电子请柬、公交车或黄包车代替婚车、到农家乐办婚宴……层出不穷的创意令人大跌眼镜的同时，也开辟了婚礼的另类模式。

1982年出生的小叶，去年终于赢得美人归。定下婚礼吉日后，小叶夫妻俩开始操办起婚礼的各项事宜。请柬无疑是最早能在亲朋好友圈子里体现个性的。这不，有着一定绘画基础的小叶在纸上勾勒起了结婚请柬。经过几个晚上的修改，最终他们定下了主题、照片、颜色等请柬大纲，然后交付印刷。小叶认为，普通的请柬，大家司空见惯，除了告诉人家时间地点，就没有任何价值了，而他自己设计的请柬，除了具备请柬的功能，更像一张精美的书签或是明信片，他相信很多人会在很长一段时间不舍得扔了它。

1985年出生的小吴是前年结的婚，当时包了整整20辆黄包车，一溜儿排开，车轱辘满街转去。小吴的朋友们都说好，小吴自己后来看结婚录像，也觉得效果的确不错。他们曾经想过用轿子，但这时代想要找那么多轿子实在不是件容易的事，后来觉得黄包车也行。“其实我们玩的就是个新鲜，就想跟别人不一样。”小吴道出心声。小吴说以黄包车、自行车充当婚车算是另类的话，那么有对新人结婚乘坐公交车赴宴就更加另类了。“哇！当时一车的乘客看到上来新郎、新娘、伴郎、伴娘，都傻眼了。”据说这对新人还准备了喜糖和环保袋，在公交车上分发给其他乘客，让大家也分享下他们的甜蜜。

1987年出生的小王结婚时，在婚宴上搭建起了舞台，以演唱会的形式贯穿整个婚宴始末。在之前他和妻子小刘就想，如今大家的生活丰富，很多人来喝场喜酒还坐不到一个小时就走人了，到时婚宴场面上空落落的很不好看，为了给自己的人生大事留下精彩的一幕，他们才创意出以演唱会的形式来办婚宴。定下创意后，他们就与担任伴郎、伴娘的好友编排了几次。小王夫妻俩均有着不俗的唱功，令“演唱会”办得相当成功。

1988年出生的侯小姐在某休闲度假村举办了自己的婚礼。之所以在农家乐办婚宴，她是想寻求一种不同寻常的个性婚礼。因为在城里的酒店办婚礼很格式化，没什么新意，他们也是选了很久，最终才决定把婚礼放在农家乐。在酒店里再怎么寻求突破也受到限制，到了户外，新人可以在草地上奔跑，听百鸟为新人歌唱。亲朋好友在感觉上不像是辛苦赴宴，而是一次轻松的休憩，都感觉这次婚礼最浪漫、最独特、最有意思。这里特有的田园风光、民俗风情、乡村风味让大家印象深刻，而且婚宴结束后大家还能品品清茶、听听音乐、嗑嗑瓜子、吃吃水果，还可以在这依山傍水的小河边过把烧烤瘾。这样的婚礼很惬意，也很有新意。

点评与建议

像小叶这样的“80后”新人自行设计结婚请柬的不在少数，而且造型各异，主题迥然不同。但自行设计结婚请柬的还不算是最另类的，有人甚至把结婚请柬设计得像杂志一样，只不过封面照是主人公的婚纱照，配上浪漫的诗文，封底则是婚宴举行地点的示意地图。

走进许多“80后”新人的婚房，见到传统意义上的婚纱照已是为数不多了。彰显个性、穿着舒适的休闲服是当今年轻人的最爱，即使是拍婚纱照，“80后”也要更加强调这种个性，并不向传统妥协。

自古以来，中国式婚礼都要用婚车接送新娘，古代是花轿，现代是小车。随着时代演变，婚车的意义也不再单纯，数辆甚至十余辆的名车阵容让人觉得像是在显摆。虽然“80后”中也有不少人延续了名车助阵的模式，但越来越多的“80后”还是向豪车说“不”。

农家户外婚礼可以一改以往“几桌菜、几瓶酒”的单一模式，在宾客享受美酒佳肴的同时，还能让宾客呼吸到新鲜空气，让婚礼更接近大自然、更具生态性，也增添了婚礼的浪漫氛围。随着我国农家乐发展的不断转型升级，不少农家乐已具备了接待上规模宴会的能力。具备优美户外环境条件、功能设施齐全、消费价格实惠的农家乐正符合了年轻人对个性婚礼的独特要求。把婚宴摆进农家乐，已逐渐成为不少新人的时尚、浪漫新尝试。

热气球主题婚礼，危险并快乐着

随着近年来各种热气球商业应用被不断发掘，喜欢热气球运动的业余爱好者也越来越多，热气球越来越“热”。全国各地围绕热气球开展的商业活动越来越多，如企业广告宣传、婚庆公司举办的热气球婚礼、热气球旅游观光项目开发、企业或地方政府赞助的热气球飞行大赛等，这使得热气球飞行员也比原来忙多了。

热气球主题婚礼作为其中的一个“热”点，备受许多年轻人追捧。新人驾驶热气球漫步空中，最享受的是人球合一的状态。

在一个热气球婚礼体验现场，红黄相间的热气球在草坪上空飘荡。据工作人员介绍，让直径16米的大家伙“活蹦乱跳”地竖起来可要花费不少工夫，大约需要半个小时。为了让新人们在空中有浪漫的感觉，整个吊篮被鲜花围绕，连接热气球的绳索上也缠绕着红纱。热气球婚礼需要比较大的场地，升空时间可按新人的意愿控制。

在既定时间里，全场最抢眼的新人们穿着婚纱、礼服，体验了热气球婚礼的浪漫。草地、湖水、白帆间，热气球慢慢升起，承载着恋人们对爱情的承诺。此刻，他们正尽情享受自由漫步空中的心旷神怡……

点评与建议

在普通人眼里热气球飞行是浪漫的，但在职业飞行员眼里，却有一定的危险。这种享受必须以过硬的飞行技术和经验为前提，而最容易遭遇的危险是碰到高压线。热气球碰到树枝、房屋固然危险，但碰到高压线可能球毁人亡。所以飞行员在空中一项重要工作是：观察有无高压线，如果有，一定要提前升空避让。为保证安全，热气球每次升空前的安全检查都十分重要。有些细节操作必须准确无误，如球囊和吊篮之间的连接环扣上后一定要旋紧，否则球体上升后很可能脱钩，导致吊篮坠落。举行热气球婚礼对天气的要求比较高，一定要做好充分的准备工作，时时了解天气状况。有恐高症或者高血压的新人为了身体着想，建议还是选择相对温和些的婚礼形式吧。

另外，尤其需要注意的是：必须遵守《中华人民共和国飞行基本规则》、《热气球飞行规则》、《热气球运动管理办法》等文件的有关条款。

两只小狗当傧相，让宾朋惊奇

现代社会中，很多家庭都拥有自己的宠物，如憨态可掬的松狮，微笑天使萨摩耶，聪明听话的金毛，像狼但不是狼的哈士奇，娇小可爱的暹罗猫。这些宠物在给人们带去欢乐的同时，也融入了家庭的生活，成为了家庭的一员。婚礼作为人生大事，自然每个家庭成员都该参与。传统的婚礼中，宠物只能作为看客在一旁看着主人的终身大事，而让宠物参与婚礼做傧相，就不能不让人啧啧称奇了。

侯风和妻子夏雨结婚时，比较前卫、“另类”，因为他们所请的伴郎和伴娘是两只可爱的斗牛犬。两个小家伙在婚礼上抢尽风头，成了大家眼中的明星。虽然婚礼已过去了四天，但事后他俩拿到自己婚礼时拍摄的照片时还是笑成了一团。

侯风2007年大学毕业后前往深圳一家电子产品生产公司工作，并认识了本单位的女孩夏雨。两人有一个共同的爱好，就是都喜欢宠物。侯风发现喜爱宠物的人都有着一个共同的特点，那就是爽朗、乐观，而夏雨就是最典型的人。他们还发现了彼此间的共同点越来越多，两人逐渐坠入了爱河。

侯风和夏雨的感情进展是神速的。当确定恋爱关系后，侯风决定送给夏雨一件定情信物。他没有去购买钻戒、项链，而是将一只憨态可掬的母斗牛犬当作信物送给了夏雨。夏雨收到信物时开始很惊讶，继而欢呼雀跃起来。

三年过后，侯风和夏雨都来到青岛创业，他们也到了谈婚论嫁的年龄。由于他们两人的家都在外地，所以不得不先回到家乡举办婚庆仪式。

在家乡的婚庆仪式是按照传统方式进行的，双方找来未婚好友来做自己的伴郎、伴娘。而当他们再回到青岛准备举办仪式时，侯风和夏雨却突发奇想，准备搞一场另类的婚礼。恰巧不久前，侯风送夏雨的定情信物——斗牛犬产下一对“龙凤胎”，两人决定就让这对“龙凤胎”斗牛犬做他们的伴郎和伴娘，见证他们的甜蜜婚姻。

2011年4月26日是侯风、夏雨喜结连理的好日子，当挂着伴郎、伴娘胸花的两只小斗牛犬出现在婚礼现场时，在场的宾朋先是惊愕，而后爆发出一阵阵的欢呼声。侯风和妻子分别抱着两只可爱的斗牛犬“拜天地”、“饮交杯”，婚礼的气氛一次次被推向了高潮。

结婚那天，两只宝贝狗成为耀眼的明星，宾朋都将注意力全部投向了两只小狗，结果与两只小狗合影的人数远远要多于与两位新人合影的人数。宝贝狗“喧宾夺主”，风头压过了他们两口子……

点评与建议

宠物毕竟没有人那么聪明，很多时候也会闹小脾气，因为它的不可控性，请务必选择一些聪明，而且跟人生活很久，听话的宠物。而环节也要简单，主题鲜明。宠物应该由专业美容化妆师进行美容，梳洗，可以加入各种小衣服配饰，漂漂亮亮地参加婚礼，增添婚礼的气氛。上台之前务必给宠物充足喂食，上好厕所。此外，宠物行进的时候务必保持安静，音乐尽量柔和，勿惊吓到它，导致失控；灯光不要直接投送到宠物眼睛上，否则会引起不适；进场距离较短，应选择一个比较好的展示角度，让参与的宾客明白此环节的意义，司仪可以予以解说。

另类煽情的“哭婚”典礼

中式婚礼中一般女方父母在姑娘出嫁那天是不在公开场合“露面”的。中式婚礼上也流行哭婚，新娘子离开娘家时，百分之九十的女儿都哭，只是这一场面一般的人看不到就是了。婚礼的核心基调是注重新人双方的心灵感受。

人是最懂情感的动物，遇到人生大的转折点，最容易动真情，婚礼上“眼含热泪”的现象也是人之常情，无可厚非。但什么事都有两方面，太过了也不好。一个喜事给人家主持成哭得跟“熊猫”似的，也不能算个好主持人。因此，差不多就应该停止继续“忽悠”，这应该是主持婚礼最基本的大原则。

2010年3月20日，某著名婚礼主持人用他独特的煽情主持方式为一对从日本归来的新人上演了一场另类煽情的“哭婚”典礼。只见帅气的新郎和漂亮新娘同时在结婚仪式上泪如雨下，新人的父母也泣不成声，来宾们热泪盈眶。

在整个的婚礼现场，不见传统婚宴上的红地毯、红背景、红玫瑰，取而代之的是淡紫和粉红的主色调和现场的即兴演奏的乐队。舞台背景、音乐安排等细节方面的策划，都有力地烘托了“煽情”主题。

在乐队演奏的婚礼进行曲中，主持人开始使出“煽情第一招”，他请新郎、新娘上前一步，把右手放在胸前，然后用“心”来回答他的问话。

主持人问新郎、新娘：“你是否愿意以婚姻的形式与对方结为夫妻，无论疾病、困苦、富贵、贫穷……永远携手相伴一生！”此刻，兴奋而激动的新郎和新娘在相互深情对望中道出三个字：“我愿意！”

宴会厅中的所有灯光熄灭后，主持人只让新郎新娘点燃一对花烛，然后默默许愿。之后，他再次开始煽情“攻势”：“这对花烛一直会燃上十二个小时，也就是说，它会伴随着仪式结束，伴随着这对新人步入‘洞房花烛夜’。”顿时，宴会厅里响起雷鸣般的掌声。

主持人见状更是抓住机会，再度发起“攻势”：“请新郎当着新娘说出自己心里的话。”新郎拿过话筒，对新娘说：“我会永远爱着你，关心你，保护你，请你相信我。”而此刻，已被深深打动的新娘早已忍不住泪眼婆娑。

随后，新娘拿出一封写给父母和姐姐的家书：“……爸爸、妈妈，感谢你们。姐姐，我爱你！”读着读着，她声音呜咽渐渐泣不成声。此时，现场乐队又将一曲“爱的奉献”奏出，把婚礼推向了高潮。

新人在音乐声中开始向父母、长辈敬茶。款款深情中，新人和父母抱头痛哭，来宾在浓烈的氛围中热泪盈眶。

不一会儿，现场乐队开始演奏“烛光里的妈妈”，音乐声中，主持人使出了“煽情第三招”，这就是那浓得化不开的亲情。

他首先以低沉的语调道出了新人对父母养育之恩的感激。当他说到“儿子和女儿在你们的关爱下成长，哪怕在异国他乡都没有忘记你们时……”新郎和新娘都终于忍不住哭出了声。

点评与建议

在古代，男女在婚礼前并不相识，而且常常要经过媒婆的中介，媒婆的“走马观花”式婚介自然让年轻女子对婚姻出路充溢了莫测的忐忑不安。面对出路莫测的婚姻，你除了哭还能有什么办法呢？不用说对一个弱小女子，对强壮的男人也不例外。

从积极意义上讲，另类“哭婚”实际上是将爱情、友情、亲情在婚宴上展示的另外一种表达方式。主持人只是在更深层次上与新人和其家人接触后，想办法提高整个婚庆的“亲情浓度”，令新人、父母、来宾都一生难忘。但结婚毕竟是喜庆之事，婚礼现场充满哭声总是不好的，如果说“哭婚”意在增进感情和亲情，其实应该注重采取更好的途径和方法来取代这种方式。从更深刻的意义上讲，夫妻双方加强学习，勤于沟通，多加包容，敬重长辈，这才是婚姻稳定的基础。

既铺张浪费又累人的婚礼

男大当婚，女大当嫁，这是人生一件大事，值得庆贺，但一些婚礼太过于铺张和烦琐又让人辛苦让人愁。有些要举办婚礼的家庭，要忙上至少半年时间，令当事人身心疲惫，苦不堪言。

不少人办婚礼讲究排场，喜欢摆阔，一桌婚宴贵的有上万元，便宜的也要上千元。因此这类人不顾口袋里钱多钱少，就是借钱也要大操大办，这其实就是死要面子活受罪。

赵先生在领取结婚证后就进入紧张的婚礼筹备阶段，其中包括装修新房、置办嫁妆、列出婚礼上男女双方要请的客人、联系并决定在哪家饭店举行婚礼，他忙得一塌糊涂，整个人都瘦了一圈，上班都无精打采。

其实，赵先生这次请来的客人也不都是人人高兴。虽然说是亲戚朋友同事，可客人们参加别人的婚礼必定要送礼金，送少了没面子，送多了拿不出，有的人甚至把一个月的工资全送出去了。赵先生这边对客人送来的礼金也高兴不起来，因为对每个人的礼金都要造册登记，到别人回请时是要还的。

刚开始张罗时，有朋友对赵先生说敬酒时要“悠着点儿”。但赵先生作为新郎，要迎接和招呼亲友，酒席开始要敬酒敬茶，一桌桌地走，愿意不愿意都要回敬客人的酒，酒量再大也顶不住。结果赵先生醉得净出洋相，以后想起婚礼当天酒醉的情景就后悔，当初真不该举行婚宴！

点评与建议

婚礼奢华浪费之风令很多当事人苦不堪言，有的人把辛辛苦苦多年的积蓄，全拿出来办喜事，甚至欠下亲戚朋友许多债务。如今一些婚礼的豪华奢靡程度已经远远背离了婚礼本身的喜庆意义，到了该刹车的时候了。

婚礼奢侈铺张不仅仅是一个家庭的浪费，也是一种社会资源的浪费。不大办酒席，可以省出点钱来让小两口搞点家庭建设，存点钱以备将来孝敬老人和小孩读书用。

第九章
家暴婚恋，伤害摧残也疯狂

家庭暴力，是指发生在家庭成员之间的，以殴打、捆绑、禁闭、残害或者其他手段对家庭成员从身体、精神、性等方面进行伤害和摧残的行为。家庭暴力直接作用于受害者，使受害者身体上或精神上感到痛苦，损害其身体健康和人格尊严。家庭暴力发生于因血缘、婚姻、收养关系而生活在一起的家庭成员间，如丈夫对妻子、父母对子女、成年子女对父母等，妇女和儿童是家庭暴力的主要受害者，有些中老年人、男性和残疾人也会成为家庭暴力的受害者。家庭暴力会造成死亡、重伤、轻伤、身体疼痛或精神痛苦。人们在家庭生活中有问题应该及时沟通，相互宽容包涵。同时，发生家暴应该及时寻找司法机构和相关组织帮助，切勿忍让迁就或以暴制暴！

十六年婚姻，十六年伤害

现实生活中，女性仍是暴力侵害的主要受害者！一切关系到女性幸福的问题，都应引起人们的关注。但令人遗憾的是，仍有一些女性在遭受家暴的伤害。在受虐女性中，有的挨过刀子，有的被烟头烫得浑身伤疤……一些施暴者手段极其残忍。受虐妇女除了肉体受到伤害，大多数都精神恍惚，时刻处于恐惧状态。

40多岁的何老师是某中学的英语教师。2011年1月5日，她不堪忍受丈夫多年非打即骂的对待，终于向法院提出了离婚请求，带着女儿离开家搬到了学校。

娇小瘦弱的何老师眼睛里闪现着掩饰不住的紧张和恐惧。由于不堪丈夫的打骂，她搬到学校来住，但其丈夫三次跑来学校，强行要求她回家。他闯进她的办公室，没好好说一句话就硬拽她，掐住她的脖子不放，他当时抓着何老师就跟抓小鸡似的。后来，何老师逃到走廊上寻求帮助，众多老师制止了其丈夫的行为。

何老师和丈夫1985年结婚，婚前他对她就有殴打行为，婚后平静了两三年。自从有了孩子以后，因为一些小事，丈夫经常对她打骂。她的丈夫是个包工头，主要在本城承包一些工程。1994年冬天，何老师跟一名50多岁的男老师在办公室印考卷时关了门，便招致丈夫的猜忌，丈夫竟然将她扒光了衣服进行“检查”。1996年春节前的一个深夜，因为一点儿小事丈夫和她争吵起来，丈夫用巴掌使劲地抽她耳光，扒光她的衣服，用手指扣住瘦弱妻子的锁骨将她往暖气片上撞。撞击的疼加上灼热的烫让她无法忍受，她崩溃了，顺手操起床边的剪刀扎伤了自己。

丈夫对妻子和17岁的女儿非打即骂，只要一听到他的脚步声，女儿就会放下饭碗，躲回自己的小屋。女儿很怕，她怕爸爸哪天会把她和妈妈怎么着了！2003年的大年初四，爸爸大声骂妈妈，女儿实在听不下去了，就说了一句“有你这样的爸爸我觉得耻辱”，他冲过来猛抽女儿的耳光，还把女儿的右肩弄骨折了。可小姑娘当时一滴眼泪都没有流，也从此变得更加躲着爸爸了。

何老师的同事认为，何老师的丈夫老怀疑她有什么男女关系，可其实根本没有。同事说何老师只能用工作来驱散心理上的阴影。

十六年的遭遇，何老师也曾想过离婚，但亲戚们的劝说和丈夫签的保证书，让她一次次打消念头。在最近一次遭丈夫恐吓后，她终于向法院提出了离婚请求。在法庭上，何老师说起自己的经历，她和女儿不止一次泪如雨下……

点评与建议

在打老婆的男性当中，一些是在社会上比较成功的男性，他们通过暴力来进一步确认自己的权力；而另一部分则是在社会上失去了权力的男性，他们只能通过家庭暴力来寻找失去的权力，求得心理上的平衡。这也是为什么很多人眼中的“老好人”，关上家门却变成暴徒的原因。何老师与她的丈夫，两人文化层次不同，对事物的理解和处理方法有很大差异，这是导致他们夫妻离婚的根本原因。

每晚被失业老公疯狂性虐待

男人对妻子实施家暴，多是由自卑心理诱发的。生活际遇不佳，让有的男人对这个世界充满了报复心。在对待性的问题上，越是自卑的男人往往越会追求性的刺激，看黄片、包小姐，都是作为男人的一种发泄。

周晔是一名小学老师，经人介绍和老公结婚。现在老公无业，开黑出租。自从老师的工资待遇提高后，她丈夫的压力越来越大。周晔知道老公压力大，所以家里的钱都让他管，她不想让他自卑。

可是2010年开始，周晔的老公包养了小姐。在一年多的时间里，他对妻子每天极尽挑逗，看到妻子欲火焚身后，他就呼呼睡去，妻子就这样每天煎熬着，夫妻生活几乎没有。老公特喜欢看三级片之类的东西，为了孩子周晔就这样忍着。

孩子毕竟还小，为了孩子周晔不想分手，毕竟他是孩子的亲爸爸，自己是亲妈妈。可是想到他的变态，现在周晔不知道该何去何从。

周晔老公有抽搐的毛病，结婚后到现在也抽过几次疯，出现了幻听、幻视，所以他的家人也不敢说他。他嘴上说和那小姐断了，其实还在偶尔联系。周晔发现了几次，他只是嘴上说“我错了，我改了”，然后对妻子、孩子特别冷漠，半年时间，他对孩子不管不问，他爸妈给他打电话来他也不接，发短信他也不回。在夫妻生活方面，周晔觉得他变态，追求刺激，比如他会用性工具、挑逗手段等，可谓花样百出，但是他挑逗完周晔后会带着报复的心态满足地看着她痛苦，导致她对性生活恐惧。

周晔知道在这场婚姻中自己有过错，比如担心他自卑，过度纵容他，没有了底线，失去了自我，还有过分相信爱情，以为没有原则的包容、迁就会牵手一辈子，可还是走到了尽头。

点评与建议

失业的男人很多，但绝不是个个回到家里都会用极端手段去折磨老婆。很显然，上面例子中的丈夫是个病人。每晚折磨妻子，足见他在婚姻中缺乏自信，而这种夜间游戏，是他唯一能够战胜妻子、打败妻子的手段，而看到妻子求之不得的那种抓狂他就快乐，因为，这种“求之不得”的状态，正是他每天的心理写照。

一个病人的行为，正常人要包容和理解。但包容和理解，也并不是治病的妙药。想解决问题，可以考虑去正规的医疗结构寻求帮助。

一场如火如荼的“心理游戏”

有一种心理游戏，人们通过扮演“迫害者”、“受害者”和“拯救者”这样一些心理角色来进行争斗。玩这种“心理游戏”的人，不管他想扮演什么样的角色，他都至少要拉一个人，来给他当“配角”。

娄女士结婚已经十多年了，十几年的婚姻生活使她苦不堪言。娄女士的丈夫经常对她恶言恶语，甚至拳脚相加、大打出手。

对于丈夫的粗暴行为，娄女士一贯采取退让隐忍的态度，每当她忍无可忍时，她就离家出走一段时间，而丈夫会发疯地去寻找她。丈夫找到她以后，每次都是痛哭流涕、捶胸顿足、作揖下跪，向娄女士道歉，哀求她不要离开自己，并表示没有她，自己就活不下去了。

娄女士相信丈夫还是深爱自己的，也就每每原谅了他，跟随他回家去“好好过日子”。可是过不多久，丈夫又故态复萌……

于是，娄女士这十几年的生活，就在丈夫的打骂、道歉，再打骂、再道歉这个怪圈中周而复始地度过。

点评与建议

娄女士的生活之所以会陷入这样一种怪圈，是因为多年以来她和丈夫之间就是在玩一场如火如荼的“心理游戏”，当娄女士的丈夫扮演“迫害者”对她辱骂和殴打时，她乖乖地成为逆来顺受的“受害者”；而当娄女士离家出走时，她丈夫又把自己扮成一个“受害者”，表示如果娄女士离开他，他就活不了，于是，娄女士又乖乖地跳到“拯救者”的位置上，成为丈夫的“救世主”。

人们在现实生活中，常常反复地扮演着自己偏爱的心理角色，一次又一次地按照仿佛是预先写好的“脚本”反复表演。这个“脚本”就是人们潜意识中的“生活计划”。它规定了一个人生活的主题，规定了这个人在现实生活的舞台上所要扮演的角色，也规定了他周围的人所要扮演的角色。所以，要想搞清娄女士的心理根源，就必须追溯她的童年生活。事实上，娄女士的父亲也有很强烈的暴力倾向，也是这样对待娄女士的母亲的，娄女士可能就是从父母的生活中受到不良暗示，形成了自己的“逆来顺受”。

娄女士应该认清和改写自己的人生“脚本”，从行为上拒绝玩心理游戏的“邀请”，当丈夫向她施威时，她不能软弱地充当“受害者”，而应态度强硬一些。当丈夫痛哭流涕，对她作揖下跪，苦苦哀求时，她不要轻易地充当“拯救者”，而要与丈夫“约法三章”，同时借助社会支持，保障自己的合法权益。

一味迁就导致家暴肆无忌惮

家庭暴力，指家庭成员间实施身体或精神上的侵害行为。最轻微的家暴是成员争吵过程中一方一个字的斥骂：“滚！”最严重的家暴程度却似乎没有上限。

关于家庭暴力，较官方的说法认为，30%的中国家庭发生过暴力事件。但有律师认为，实际上，几乎百分之百的家庭都会不同程度地存在精神暴力现象，其中30%是程度较重的那类。在目前的中国人口基数下，即便只是30%，也意味着有近三千万户家庭有不可忽视的暴力行为。方芳就是这三千万分之一。

方芳在八年的婚姻中，有整整七年都在家暴中度过。方芳和丈夫都是某医院的医生。双方家境悬殊，方芳家是医生世家，而她丈夫来自边远县城。此外双方性格、价值观也有巨大分歧，所有人都不看好他们的结合。

在他们的婚姻中，有强烈自卑心理的男方和性格懦弱处处忍让的女方，其相处方式给暴力埋下伏笔。方芳医术高超，性格温和，与同事、病人的关系都很好。而她的丈夫与同事、病人频频冲突，在遭到周围人的无声排斥后，丈夫坚持错在别人。他把工作的不快带回家，他们的夫妻关系受到巨大冲击。

争吵是家常便饭，随着两人之间的差距越来越大，丈夫在强烈自卑下干出蠢事：他散播方芳与某主任有不正当关系的谣言，希望以此毁掉妻子的前途。

真相大白后，出乎所有人意料，方芳竟然原谅了丈夫。丈夫长跪不起，他自扇耳光、痛哭流涕求妻子原谅。方芳不希望事情闹大后传到父母那里，她不想让家里人看到丈夫对她造成的不幸。方芳息事宁人的态度被丈夫看穿，丈夫对她的家庭暴力从“动口”上升为“动手”。

方芳第一次被丈夫打后，忍气吞声没有把事情捅出去，之后几次被打，她都找了各种借口遮掩。丈夫发现这点，在打方芳一事上更肆无忌惮！

方芳在长达七年的虐待中，丈夫的家人平时除了在言语上讽刺挖苦她，婆婆还打过她多次。忍无可忍的方芳提出离婚，可丈夫却说：“我绝对不离婚，我要拖死你！”方芳相信丈夫做得出来。为尽快离婚，她同意净身出户，只要女儿。而丈夫的家人的反应是：“她一定是在外面有人了！她条件这么好，如果没有外遇，怎么可能这么轻易就放手！”

固执的方芳在多年后后悔不已。当初，方芳的爸爸曾经苦苦劝她，说门当户对的婚姻才能幸福，他们俩家庭背景、经历、性格都相差太大，而且爸爸听说对方父母的婚姻也不幸福，担心未来女婿会受到影响。事实上，方芳丈夫从小就生活在暴力环境中。他的爸爸喝醉了酒就打家里人，给方芳造成了严重的心理阴影。而丈夫每次打了方芳，也总是以此为理由乞求方芳原谅。而现在，方芳4岁的女儿因为长期目睹父亲打母亲，害怕所有人尤其是成年男性靠近，稍微大点的声响都会让她尖叫、啼哭不止。

点评与建议

方芳长期被丈夫施暴，这里除了丈夫自身的原因外，方芳本身的态度也助长了丈夫的气焰。在家庭暴力中，受害者的不重视，会使轻微暴力逐渐恶化，如动辄呵斥怒骂或长期冷战，拒绝过夫妻生活，拒绝承担家庭经济责任等，甚至出现外遇。此外，一个人对另一个人的心灵折磨还会变成一家人对一个人的集体攻击。对于家庭暴力，心理学家认为，如果受害者此时还不表达出强烈的反抗意识，不运用法律武器保护自己，施暴者身后的家庭只会有两个选择：和稀泥让你继续忍耐，或直接加入施暴行为中。方芳的遭遇就印证了这点。

社会学家和心理学家一致认为，百分之九十的施暴者的施暴行为都与其童年阴影有关。一个在充满暴力、保护人又缺乏反抗精神的家庭里长大的孩子，他的内心对暴力持矛盾态度：一方面他痛恨暴力，对周围人和事充满不信任和不安全感；一方面他会觉得暴力是解决问题的最好手段。

除了从施暴者的成长经历发现征兆，还有其他途径可供参考。比如他的社交圈、他的朋友。人以类聚，朋友的气质会互相影响。他在职场上的表现，他和同事关系好吗？如果他有过一次以上的失败恋情甚至婚姻，则你需要弄明白他失败的原因，问题在对方身上还是他身上？他是否痴迷于暴力凶杀类的电影、书籍？他是否爱抱怨和推卸责任，爱把自己放在受害者的位置上？他是否有很强的控制欲或者强迫症？他是否对别人遭遇的家庭暴力持很微妙的“不反对”意见？他是否内向“沉默寡言”不会表达自己？他是否反感心理咨询尤其反感他自己被说“有病”？

就受害者而言，其受害的原因则包括性格和经济上的。你是否经济无法独立，只能对施暴者逆来顺受？你是否好面子，宁可打掉牙齿吞肚里也不愿“家丑外扬”？你是否胆小怕事性格软弱，对强权暴力敢怒不敢言？你是否意志不坚定、极易被感动或被他人言行影响？你是否心智不成熟，对爱情抱有幻想，认为自己能改变对方？你是否思虑重、凡事必瞻前顾后？符合两条以上者，就要尤其慎重地选择对象。

传统观念与收入差距导致家暴

中国传统文化背景下，男尊女卑的传统观念直接导致夫妻双方在家庭中地位不平等，这种不平等使得许多女性受到限制，而“相夫教子”等观念也使得许多女性在家中处于弱势地位。另外，夫妻之间收入差距也影响着夫妻二人在家庭中的地位。比起男性，社会对女性要求更高。女性的择业范围很有限，得到的报酬也相对较少，这导致了男性在家庭中占据主导地位。特别是在许多农村地区，许多妇女一辈子都靠着丈夫和孩子生活，她们在面对家庭暴力的时候更不敢为自己说话。

小T是个25岁的女孩，处世小心，经济独立。她对家庭缺少安全感，对男性缺乏信任，她不愿回家看到父亲，不愿和父亲说话。但她担心母亲在家中情绪不良，不得不回去，她一般选父亲不在家中时回家，希望带母亲离开这个家。

小T的父母多年前离婚，但仍居住在一起，她的父母文化水平有限，已经退休。父亲好赌，62岁；母亲个性懦弱，54岁。当年，双方因父亲有婚外情离婚。父亲有男尊女卑的传统观念，认为女人应该遵从三从四德，男人可以有三妻四妾。家中过去的主要经济来源来自父亲，母亲负责相夫教子。

小T与父亲关系不好，她基本不和父亲交流，对父亲有着矛盾的情感，既怨恨又同情。现在，小T的父亲年龄渐大，逐渐丧失了独立生活的能力，在家中的地位逐渐降低，但他仍偶尔发脾气，只是次数减少。小T的父亲认为，孩子受到前妻教唆才疏远自己，因此对前妻怀有敌意，但他仍希望前妻接受自己有第二个家庭。小T与母亲情感深厚。母亲在小T长大后，慢慢有了独立的勇气，希望离开丈夫，还自己自由。小T对此是支持的，但母亲并未采取行动。

点评与建议

本案例中的家庭关系名存实亡。丈夫的敌对情绪来自于他认为自己的妻子应该接受自己有婚外情，而不应该影响孩子疏远他，他认为妻子应该乖乖地承担家庭主妇的角色，为自己服务。面对妻子逐渐强硬，考虑到自己能力逐渐不足，他稍有收敛，但对妻子不理自己，偶尔的冷嘲热讽不满，多次表示要和妻子分开。妻子面对丈夫的不忠，多年来心中充满不满和怨恨，但由于传统的观念和经济的不独立导致她没有能力离开丈夫，而随着孩子长大，自己慢慢有能力承担自己的生活，“自由”的意识和观念在她心中不断膨胀，加上孩子的鼓励，她希望彻底脱离和丈夫的关系，但却由于外人的眼光和自身牢固的传统观念无法行动，对此她深感痛苦。

如果我们能够主动地去关注他们，让这些受到伤害的人知道他们不是无助的，让他们知道他们可以维护自己的利益，这个社会就可以多些温暖了。

孕妇身陷家暴，外力助脱“苦海”

家庭暴力危害不浅，它往往造成婚姻破裂、家庭解体、亲情疏远。引发家庭暴力的原因复杂。性格差异、经济矛盾、感情纠葛、不良嗜好等都可能会引发家庭暴力，有的家庭暴力常常是多种因素造成的，调处非常棘手。

由于家庭暴力大多是在家内实施，没有目击证人，因此，要取得有效证据难度很高。

黄某和李某均离过婚。2007年10月，双方经人介绍结为夫妻。李某与前妻所生女儿随李某与黄某共同生活。黄、李结婚后，因性格、生活等原因，经常发生争吵。婚后不久黄某怀孕。李某的女儿担心黄某再生一个孩子后，生父、继母就不喜欢她了，因此就多次找茬儿与黄某发生口角，并向李某诉说黄某种种不好。

李某是个性格孤僻、脾气暴躁的人，听了女儿的诉说，以为黄某欺负女儿，因此就开始打骂黄某，并限制黄某的生活开支。黄某怀孕期间，不但没有得到呵护，还要经常遭受打骂，而且生活上也得不到保障，苦不堪言。为此，村里多次上门调解，但未能缓和两人的关系。

情急之下，黄某带着四个月的身孕独自另住他处，并到住地街道妇联哭诉自己的遭遇，请求帮助。

在多次劝和无果的情况下，调解人员依据法律规定，帮助黄某脱离“苦海”。最后二人商定：一是李某不再打骂妻子黄某，两人和好；二是李某出钱为黄某实施流产，然后双方离婚。

就在调解期间，李某又屡次打骂黄某。黄某因此对李某彻底失去信心，再次要求李某出钱为其实施流产，然后双方离婚。在征得黄某意见后，调解人员帮助黄某申请非诉讼法律援助。相关部门联合起来为本案展开调解。

在多方的不懈努力下，黄某、李某终于达成协议：李某承担黄某引产手术的全部医疗费用，并由李某母亲在医院护理黄某到其基本恢复身体；李某补助黄某营养费2000元；黄某做完引产手术后，双方解除婚姻关系。

黄某和李某对调解结果均表示满意。

2008年6月13日，黄某和李某协议离婚。

点评与建议

根据不同的尺度，有不同的区分方式。根据施暴者的特点，家庭暴力可以被分为以下几种类型。

一是普通型。这种家庭暴力的施暴者，只是一时的冲动或情感使然才对配偶施暴。这种类型的暴力行为不严重，事后施暴者往往表现出悔过之意，对家庭的影响不是很大。

二是攻击型。这种类型的施暴者，往往生长在“崇尚”暴力的家庭。父母发生冲突的时候往往通过暴力的方式解决问题，所以在自己日后的生活中，这种人也习得了通过暴力来解决矛盾。生活在这种人身边的配偶，往往通过离婚来逃避暴力的攻击。

三是病态人格型。这种类型的人在人格上存在着明显的缺陷，同时学历和智商也较高。心理试验表明，这种类型的人面临暴力或危机的时候，血压和心跳等生理反应并不会很明显，并缺乏相应的情感反应。所以这种人施暴的时候较少产生内疚、自责心理。这种施暴者的离婚率很低，因为其通过暴力和言语使配偶相信这都是对方的错。

透过本案我们可以看到，解决家庭暴力虽然难处很多，但只要受害人挺直腰杆，全社会共同努力，家庭暴力还是有办法解决的。毕竟，我们的法律是支持正义的，我们的社会是主持公道的。

他在妻子家暴中生活了八年

看过《不要和陌生人说话》这部电视剧的人，心中大概都有这么一个词是难以磨灭的，那就是“家庭暴力”。在这部电视剧中，我们看到一个柔弱的女子遭遇家庭暴力的全过程，每每看到家庭暴力的那个场面，我们都为剧中女主角的遭遇鸣不平，恨不得能进入电视机里把她从苦海里解脱出来。在现实生活中，当说到家庭暴力的时候，或许我们听到的更多的是关于女人的，但也有少数女性对丈夫实施“小暴力”。据某网站就此问题举行的投票结果来看，女人中有四成扇过男友耳光，其实这只是小暴力中的一种。

40岁的安先生结婚八年来，对妻子越是小心谨慎，越是谦让，她就越得寸进尺。在妻子的家暴中，安先生很痛苦，他觉得自己根本没有一个男人的尊严。

当初，安先生和妻子算不上是自由恋爱，他们结婚基本是遵从父母的意见，所以他们在婚前了解得并不多。刚结婚那会，妻子还是很贤惠也很温柔的，说话声音也不大。安先生的性格特别内向，根本就不爱说话，所以当时他觉得自己的性格和妻子的性格还挺合得来。可没想到，妻子生完孩子之后，竟然完全变了一个人，她脾气暴躁，稍有不满就扯开大嗓门对丈夫抱怨，后来更是变本加厉。有一次，安先生和妻子因为某件寻常的小事争吵起来，她劈头盖脸地就对他一顿训斥，最后越说越气的她上来就甩给他两耳光，把他打懵了。这件事后，打他竟成了她的家常便饭，她一生气就会动手，他几乎来不及用别的方法应对。从第一次跪下来让她消气之后，他几乎每次都只能用这样的方法来应对，让她打一会儿等她消气。有时候她气未消，就会把他推出门外，有好多次她都是半夜把他关在外面，他也不敢敲门，只能在门外坐着，等她什么时候出来他才能进去。

安先生真的不知道妻子为什么这样对他。每天工作回到家，即使再累，看到家里有什么家务需要做，安先生都会积极去做。可有时他正在做家务的时候，妻子却莫名其妙地开始骂他，这常常让他不知所措。

这八年来，安先生和妻子白天各自上班碰不到面，下班回家则小吵大吵不断。安先生记得和她在一起只有一次感觉特别温馨，那天是妻子过生日，他给她买了一件首饰。虽然她说他乱花钱，但是她看起来十分开心，整个人也温柔了许多。除此而外，他每天都要看妻子脸色，真是活得痛苦。

前不久，安先生听了一个哥们儿的建议，那天正好是他和妻子的结婚纪念日，他就悄悄准备了礼物给她。谁知，回家之后妻子又莫名地发起火来。他当时很害怕，在里屋平息了一下情绪，在心里下定决心：今天无论如何不能再下跪了。就在他思考时，妻子已经拿着“家法”来到他的面前，急中生智的他变魔术一样把礼物拿出来，捧到妻子面前说：“老婆，我爱你！”说着，他的腿一软，又差一点跪下。瞬间，妻子惊呆了，举着的“家法”停在半空中。他赶紧又说：“今天是我们的结婚纪念日，我买了礼物送给你。”妻子半天才反应过来，从上到下看了他一遍，目光最后落在他的礼物上。那是一个小巧的盒子，里面装着他刚买回来的戒指。妻子迟疑了片刻，接过盒子扭头就要走，他赶紧把她拉进书房，书桌上有他刚买来的百合花。这一次，妻子沉默了片刻，接着就哭了。他从来没见她哭成那样。

妻子提出过离婚，但安先生一直不同意，而她也没再坚持。他不能离婚，真的不能！离婚对安先生来说就像一个家被毁了！小时候，他一直觉得自己从来没有得到过一个完整的家庭，长大之后，就是父母不催，他也想着早点结婚，找到一个属于自己的家。是的，家的概念对他来说很重要。他在认识现在的妻子之后，他觉得她可以和自己组建一个家庭，于是就和她结婚了，他对她感情还是很深的。每当两人争吵时她对他使用暴力，他就只有一个念头，怕她离去，怕失去这个家，所以他每次只能用下跪来应对妻子的暴力。他相信妻子也是爱他的，她也曾经和他说过她控制不住自己。她说她小时候经常看见自己母亲被父亲毒打，在内心很痛恨父亲，长大后她极度讨厌男权主义，她说她也不明白从小挨打的自己为什么会动用暴力，她还是希望能和他好好过日子的。

安先生和妻子的童年过得都不幸福。小时候，安先生的父亲脾气不好又经常酗酒，母亲每次抱怨就会遭到父亲的一顿打骂，这让母亲感到很伤心。父亲对他特别严厉，他动不动就会挨父亲打。印象中有很多个晚上，父亲喝醉了酒将他推出家门，那时候他还小，没地方可去又特别害怕，而母亲并不敢出面阻拦。在安先生5岁那年，他的妹妹出生了，由于家中条件的限制，父母决定把他送到外婆家。那个时候，住在外婆家的除了他还有两个表兄妹。外婆的脾气也不好，表兄妹也总是欺负他。他知道自己寄人篱下，于是每天谨慎行事。因为那个时候他一直觉得，如果不能在外婆家待下去的话，他就再也没有地方可以去了。他想可能是自己童年的遭遇导致他现在对家庭特别重视，害怕被遗弃，所以他总是对妻子妥协。但这样的妥协使得他真的很痛苦。

点评与建议

像安先生这样的男人其懦弱虽然可悲，但其老婆的凶悍更是令人震撼。娶妻若此，真的是伴妻如伴虎啊！

再看现代的流行趋势，传统的谦恭温柔的女人没了市场，从国产的“小燕子”到韩国的“野蛮女友”、“野蛮王妃”，一个个张牙舞爪，动不动就对男人动粗。由此，那些因为饰演拥有暴力绝招的女演员，在收获偶像的同时，也招收了一大批的女“徒弟”。一些国产美女们，纷纷摩拳擦掌，把自己的男友、老公当成修理对象，使得不少男人也在遭受家庭暴力。

其实，“野蛮”的女人们没有想明白，男人为什么会甘愿接受她们的虐待，是因为他们天生是受虐狂吗？非也。因为爱，他们才会甘心接受“野蛮”，因为爱，他们才不得不接受女人们的这一缺点。如果女人们连这一点都想不明白，真的以为自己是武林高手的话，那么当甜蜜的爱情慢慢褪色，男人们会不会还一直忍受呢？到头来受苦的又会是谁呢？

曾经有个笑话，一男子曰：“本人最喜欢吃辣椒。”另一男人曰：“吃辣椒好啊，不怕老婆。”那男子苦笑道：“可我老婆吃辣椒吃的比我还多。”还有更可笑的，某男吹嘘道：“每次我老婆和我吵架后，我老婆都会跪在地上爬到我面前来。”人家问他：“为什么会爬呢？”“我老婆说，躲在床底下算什么男人？我说，男子汉大丈夫，说不出来就不出来！”这样的男人委实可怜又可笑！

在前面的案例中，安先生跟妻子的关系，正重复着他们原来各自家庭的关系模式。正是安先生早年被虐待和被遗弃的情结，让他在和妻子的互动中采取了现在这样的反应方式。安先生之所以忍耐妻子的家庭暴力，正是由于他不能接纳父亲的暴力行为，怕成为像父亲那样有暴力倾向的男人，因而过多地压抑了自己作为男性的心理力量，选择了软弱的忍耐，而他这样做的同时其实失去了一个男人所拥有的力量和自尊。

妻子这方面，她说她控制不住自己的行为，我们可以看出她的童年也对她造成了一定的影响。安先生说妻子小时候经常看见自己母亲被父亲毒打，她在内心很痛恨父亲，她长大后极度讨厌男权主义。这也反映在妻子的内心，小时候的经历使妻子在成年之后对男性父权反抗，她对男人有愤怒，也看不起他们。所以，妻子其实是把当年自己和妈妈受的委屈变本加厉地还给了男人——她的丈夫。而安先生对于妻子行为的一再容忍，使得妻子对他施暴成了妻子发泄愤怒的最好途径。

针对这种情况，安先生们需要建立新的婚姻互动模式：

第一，要禁止家庭暴力，并控制其级别上升，一味忍耐和鲁莽的对抗都不是有效的办法，最根本的是要找到问题的所在。家庭暴力的当事人，往往都有心理成长创伤。在安先生的倾诉中我们明显看到，早期家庭暴力会对孩子造成巨大的心灵伤害，使其在成长后人格发展偏离健康轨道。

第二，夫妻双方在婚姻中的互动模式往往是从各自父母身上学来的，有时候表面上看并不相似，但实质上很大程度地保持着对父母的忠诚。所以，婚姻是否健康不只是自己家庭的幸福，也关乎下一代的婚姻。

第三，婚姻中要建立积极的沟通方式，适当地表达让彼此更加了解对方的需要，把自己喜欢的给对方，不如把对方需要的给对方。建立有效的沟通方式是相互了解的捷径。安先生应问清妻子的真正想法，而不是一味地用软弱来应对她的暴力，要学会用语言跟她交流，了解她的想法，同时也让她了解他的痛苦。